仕事ができる人がやっている

インバスケット超入門

株式会社インバスケット研究所
代表取締役
鳥原隆志

ぱる出版

はじめに

こんにちは。

私はインバスケット研究所の鳥原隆志といいます。

インバスケットを知っている方なら、おそらくどこかで私の本や動画をご覧になったことがあるかもしれません。


初めての方向けに自己紹介すると、私はインバスケットというビジネスシミレーションゲームを活用してマネジメントなどの教育を専門にしています。

インバスケットはこの後の章で詳しくご説明しますが、突然あるリーダーになったという架空の模擬体験研修の中で判断力や問題解決力を鍛えます。

一方で管理職の登龍門として多くの企業で試験としても導入されています。

この試験の合格率は非常に低く、時には5％ほどしか合格できないという企業も存在します。

ですのでインバスケットに初めて出合われたのがこのテストで苦い経験を持たれている方も少なくないでしょう。

私自身もこのテストの受験者としてインバスケットで辛酸をなめた一人です。

どうすればこのインバスケットを克服できるのか？ これが私がインバスケットの研究の道に入ったきっかけです。

そこで気づいたのはインバスケットと実際の仕事の連動性です。

当たり前の話かもしれませんが、インバスケットは実際の仕事の模擬体験ですから、**インバスケットのスコアが高いほど実際の仕事でも評価が高く、逆に言えばインバスケットでできないことは実際の仕事でもできないわけです。**

つまりインバスケットは仕事の鏡なのです。

ではこのインバスケット力、私はインバスケット思考と呼んでいますが、どのように伸ばしていくべきなのか？

今までの本では地道にマネジメント力などを伸ばすしかないとお答えしていました。

もちろん今もその考えには変わりはありません。

ただ、マネジメント経験が全くない方には非常に高いハードルだということも知っています。

本書はそのようなインバスケット初心者の方に、まずはインバスケットで基本的な処理ができるレベルに持っていくためのいわゆるコツを詰め込んだ内容となっています。

本書で紹介するインバスケットのコツは、**インバスケットのスコアを上げる為だけではなく、実際に管理職やリーダーとして限られた時間の中で、最小限の力で最大の結果を出すためのコツでもあります。**

つまり仕事のコツでもあります。

本書には紙面上の制約からインバスケット問題は掲載していません。

インバスケット問題を使った解説をお望みなら別著『インバスケット対策完全マニュアル』（WAVE出版）かインバス！サイトから個人用問題を購入し、本書で学んだコツを実践していただくことをおすすめします。

本書があなたの仕事を少しでもコツをつかんで楽になるお手伝いになることを望んでいます。

STEP 5 人を使うコツ

STEP 6 意思決定のコツ

おわりに

CHAPTER 1

インバスケットを理解する

1-1 インバスケットとは

まずインバスケットについて簡単にご説明します。

おそらく私の書籍をお読みの方はすでに知っていらっしゃるかもしれませんが、確認の意味で読んでいただければ幸いです。

インバスケットとは架空の立場に立って、与えられた時間の中で多くの案件を判断したり問題解決したりするビジネスシミュレーションゲームです。

例えば、あるホテルの支配人になり、溜まっている未処理のメールを一時間ほどで返信したり、部下に指示を出したりするといった内容です。

このインバスケットは多くの企業で二通りの使い方がされています。

まず昇進試験としてです。
課長や部長などの管理職、そして幹部職を選抜するためのテストとして使われています。これらのインバスケットのスコアによって、管理職としてふさわしい判断力や問題解決力、部下指導力などが備わっているかを確かめるわけです。

もう一つは研修や教育として使われています。
同じインバスケット問題を他の方はどのように処理をしているのかを比較したり、グループ討議を通じて、さまざまな視点や判断方法、問題解決のアプローチを学ぶのです。

ちなみに「インバスケットのコツ」を知りたがる方の多くは、インバスケットを昇格試験として控えている方です。

ただインバスケットは今まで受けられたテストとまったく特性が異なりますので、ここだけを勉強すれば合格できるというヤマがなかなかはれないテストです。
なぜなら、覚えた内容を回答とした書く問題ではなく、学んだことをさまざまなケースに対して応用することが評価されるものだからです。

なので今までのテストで高得点を取ってきた方もインバスケットで苦戦するわけです。

インバスケットの評価方法について解説しましょう。

インバスケットは用意されたケースに対して、この判断をすれば正解という絶対的な答えは存在しません。

判断に行きつく前にどのような工程（私たちはこれをプロセスと呼びます）を辿ったかを分析し、管理職として高いパフォーマンスを出す方が取る行動がどれだけ含まれているかを評価します。

インバスケットで良いプロセスが実行できていれば、管理職になっても現場で同じ行動が取られるだろうということです。

インバスケットの評価

判断の結果ではなくプロセスである

1-2 インバスケットができると仕事ができる

さてインバスケットの仕組みについてはご理解いただけたと思います。

では次にインバスケットのコツを学べば、なぜ仕事が楽になるのかという点について説明しておきたいと思います。

ネットを検索すると「管理職ならインバスケットができなければ仕事にならない」と発言されている方もいるかと思えば、「インバスケットは実務とはかけ離れているので無駄だ」とぼやいている方もいるようです。

結論から申し上げますと**インバスケットができる人は仕事ができる人です。**

ただ、それはインバスケットで測定する範囲では、という前提付きです。

実はインバスケットはその方の大部分の行動を測定できますが、以下のような部分は測定できません。

・相手の話を聞けるか
・熱量のあるプレゼンテーションができるか
・相手に合わせた会話ができるか
・チームを正しい方向に誘導することができるか

つまりインバスケットの回答は主に「文字」ですので、言葉で実際に発したり、その際の表情などは測定できないのです（ちなみに近い将来測定できるように研究開発中です）。

ですからインバスケットが測定する部分であれば、その部分は実際の職場でもできるということから、インバスケットができる人は仕事ができる可能性が高いということになります。

逆説的に表現すると、インバスケットでできないことは、実際の職場でもできていない可能性が高いということになります。

ですから本書でこれからお伝えするインバスケットのコツは仕事のコツと連動するわけですから、ぜひ取り入れていただきたいと思います。

1-3 頑張りよりも大事なことはコツ

私はインバスケットの指導をはじめてもうすぐ20年になります。

20年間いろんな方とご一緒にインバスケット・トレーニングを行ってきました。

一言で言うと、インバスケットを勉強される方はレベルが高く頑張り屋さんの方ばかりです。

もっとも企業の中核にいらっしゃる方ばかりですので当然と言えば当然です。

ただ頑張りだけではインバスケットが上達しません。

インバスケットのスコアが上がらず5年ほどご一緒にトレーニングをしたこともあります。

もちろん毎年頑張って多くのインバスケット問題に取り組んでいましたし、問題も解いていらっしゃいました。

でも結果は変わりません。

それはまるで落とし物をして同じ道を同じように探すために何回も往復するのと似ています。

何度同じことをしても結果は同じです。

インバスケットも仕事もただ頑張ればいいわけではありません。

頑張りより大事なのは力の入れどころです。

どんな仕事にも押さえどころがあります。

そして多少力を抜いてもいいところがあるわけです。

これがいわゆるコツという部分です。

このコツを一度つかむと、今まであまり意味のないところに力を入れていたことがわかります。このコツをつかむために多くの時間を割いているわけですが、一番手っ取り早いのはできている人にこのコツを聞くことです。

私の趣味は釣りですが、釣れている方や船長からコツを学んでいます。コツを学ぶと、今までなんと無駄なことをしたのかと気づいたり、これまでできなかったことが簡単にできるようになったりします。

もちろん実力なしでコツを学んでも基礎ができていないので役に立ちませんが、おそらく本書をお読みの方はビジネスに精通している方でしょうから、ぜひコツを学んで最短で良い結果を出すために、勉強してほしいと思います。

1-4 持っておきたい考え方3つ

さて、先ほどの項で基礎ができていないのに、コツだけを知っていても意味がないと申しました。

コツを早速お伝えするために、少しあなたの基礎力を確認していきましょう。

早くコツを知りたいという気持ちは分かりますが、あなた自身のためにも飛ばさずに読んでほしいです。

インバスケット思考では以下の3つの大きな考え方から成り立ってます。

①よい結果よりも制限時間内に行うことが最も大事
②技やアイテムは、思う存分使う
③楽に仕事をすることを最優先に考える

まず1つ目ですが、質の高い仕事をしてよい結果を出す、このように仕事をしている人が多いと思います。中にはすべての仕事に対してパーフェクトを目指す方もいるでしょう。

しかし、その前に大前提があります。それは時間です。

この前提を破って仕事をすると、いかに素晴らしい仕事をしたとしても、インバスケットではルール違反となります。

それは制限時間内にあるゲームのステージをクリアするのに似ています。

制限時間を破ったり、もしくは無視して良い結果を出しても、それは評価されません。

インバスケット思考とは「限られた時間の中で最高の結果を出す」という思考ですので時間制限は必ず守らなければいけません。

「時間があればもっとできた」という言い訳も、インバスケット思考を持つ人間なら言わないわけです。

2つ目は「技やアイテム」は存分に使う。

これはあなたが持っている技法やフレームワーク、そして与えられた部下や権限などは存分に使うという意味です。

インバスケットでは当たり前の行動は評価されにくいので、できるだけ高度な技法を使うことをおすすめします。

つまり「知っている」「覚えている」はまったく役に立ちません。

例えば部下を叱らなければならないとしたら、あなたはどのような叱り方をしますか?

せめて3通りの叱り方をレパートリーとして持っておき、それぞれシーンと部下の特性によって使い分けてほしいのです。

ワンパターンな仕事はご法度なのです。

3つ目は「楽に仕事をすることを最優先に考える」です。

多くの案件やタスクに囲まれると、それらをまず減らすことを考えがちです。

このように「タスクを一つでも減らそう」と考えているのなら、その思考は今日から変えましょう。

なぜなら目の前のタスクを減らしても、それらは根本的な原因がなくならない限りまた現れるからです。

そこで持ってほしい考え方が**「どうすれば二度とこのような面倒な仕事をしなくて済むのだろう」**というものです。

この思考は実はあなただけではなく、あなたの組織の社長や経営陣も同じことを考えています。ですから彼らから見て優秀な管理者とは、トラブルをうまく解決する管理者ではなく、**そもそもトラブルが起きないような仕組みや組織を作る管理者なのです。**

これらの3つの思考があったうえで、これからお話しするコツを身につければ、きっとあなたの仕事力も飛躍的に向上するでしょう。

CHAPTER 2

インバスケットのコツ

STEP

1

早く読み理解するコツ

まずインバスケットを解く際には多くの情報を限られた時間で把握する必要があります。

実ビジネスでも多くのメールなどの情報が溢れており、このコツを使って早く読み理解するスキルを伸ばしましょう。

8割ノイズ法を習得する

「どうすれば短時間で多くの情報を理解できるのでしょうか？」インバスケット問題を解くうえで、よく寄せられる質問です。

皆さんは、私がインバスケット問題に取り組む際に、すべての問題を読んでいると思いますか？答えはＮＯです。そもそも、すべて読もうとする考え方は捨ててください。「すべて読んでいないのに、どうやってインバスケットの回答を書けるのか？」と疑問に思うかもしれません。

実は、私自身もインバスケットを始めた頃は、すべてを読もうとしていました。そのために、速読教室に通ったほどです。

しかし、今は、そもそもすべてを読もうとしていません。なぜなら、情報の８割はノイズだと考えているからです。

インバスケットのコツは、「すべてが大事だと思わないこと」です。 渡された情報も、すべてが大事だと思わないでください。

そもそも、インバスケット問題の情報量を全部読んで理解しようとしても、制限時間内にできません。なぜなら、文字数が1万字ほどあるからです。これは、ちょっとしたビジネス書の2割ほどの量です。しかも、インバスケット問題は、他の案件同士が関連したり、数値データなども多く含まれていたりするため、読んで理解しようとすると、数時間かかるでしょう。

だから、すべてを読んで理解しようとする考えは、現実的ではありません。仮に時間内に読んで理解できたとしても、インバスケットは回答を書かないと評価されません。だからこそ、すべてを読んで理解してはいけないのです。

私がおすすめする、早く読み理解するコツは、「すべてを読まなくてよい。2割の文章を読めば、8割は理解できる」というものです。

ビジネス書の多くも、ページの太文字部分や目次を読むだけで、大枠で何が書かれているか理解できるはずです。限られた時間の中で早く読み理解するためには、2割で8割を押さえる読み方が必要です。

実際に、あなた自身も経営者や経営層などの上層部の方が、上の空で報告や会議の発表を聞いているのを見たことがありませんか？　これは、彼らがあなたの話の一言一句に聞き入っていないのではなく、ほとんどがノイズだと理解しているからです。彼らは、「8割ノイズ法」を実践しているのです。そして、彼らが結論を聞きたがるのも、理解できるでしょう。

あなた自身も、これから溢れる情報をすべてを把握しようとせず、8割のノイズを省くために、現場での情報処理の方法を変えてみてください。

現場で実践！

長いメールはすべて見ない。重要な行だけを見つけるようにする。

マーキングをする

インバスケット問題で、状況を素早く理解できる人は、問題用紙を見るとすぐにわかります。

それは、マーキングをしているからです。

マーキングとは、重要だと思う文章やキーワードに印をつける作業のことです。

紙であれば、マーカーやペン、付箋などを使います。

電子書籍リーダーなどでも、マーキング機能があるものがあります。

マーキングをすることで、情報の理解が速くなります。

なぜ、マーキングをすると理解が速くなるのでしょうか?

理由は3つあります。

1つ目は手を使うことで、記憶に残りやすくなるからです。

子どもの頃、漢字を覚えるのに、ただ読むだけでなく、手で書く練習をしましたよね？手で書くことで、脳に刺激が与えられ、記憶に残りやすくなるのです。

インバスケット問題では、時間がないので、すべて書き写すことはできません。しかし、マーキングをするだけでも、記憶に残りやすくなるので、理解しやすくなります。

2つ目は、重要な情報を見つける訓練になるからです。

どこが重要なのかを探す癖をつけることで、情報処理能力が向上します。

3つ目は、読み返すときに、すぐに目的の箇所に戻れるからです。

マーキングをしておけば、重要な情報にすぐにアクセスすることができます。

マーキングをしていないと、最初から読み直さなければならず、時間の無駄になってしまいます。

では、どのようにマーキングをすればよいのでしょうか?

まず、1ページに1ヶ所程度にしましょう。

あまりに多くの場所にマーキングをすると、効果が薄れてしまいます。マーキングは絞る技術です。多くの箇所にマーキングをつけてしまうのであれば、本当にそのマークは必要なのかと自問自答してみてください。

1ページに1か所つけるという自分ルールをつくることもおすすめです。

また、下線などを引く際にも基本は一行にしましょう。

2~3行もマーキングしてしまうと、どこが重要なのかわからなくなってしまいます。

長い下線を使う方の傾向は文章としてマーキングする方が多いようです。

しかし、文章は前後とつながっていることが多いので、ついつい長い下線を引きがちです。

私は、単語単位でマーキングするようにしています。

具体的には

固有名詞（場所、人名、会社名など）

カタカナ言葉（ステークホルダー、グローバル、アカウントなど）

数字（20%、6月12日など）

は、重要な情報である可能性が高いので、マーキングするようにしています。

これらの情報は、他の案件との関連性に気づくきっかけになることもあります。

最初は、マーキングしても、あまり役に立たないと思うかもしれません。

しかし、マーキングも技術です。

練習を重ねることで、重要なキーワードを見つける力が養われます。

マーキングは、インバスケット問題だけでなく、ビジネスにも役立つスキルです。

ぜひ、仕事の中でも活用してみてください。

現場で実践！

会議などの資料でマーキングする。

一度で読み切る

インバスケット問題では、限られた時間内に、大量の資料を読み込み、状況を把握し、適切な判断を下すことが求められます。そのため、「速読力」は必須のスキルと言えます。

しかし、中には、「読むのが遅い」と悩む人もいるかもしれません。**読むのが遅い人にはある共通点があります。それは、「二度読み」をしていることです。**

二度読みとは、一度読んだ文章を、もう一度最初から読むことです。もちろん、二度読みすることによって、理解が深まる場合もあるでしょう。しかし、インバスケット問題のように、時間制限がある場合は、二度読みは時間の無駄です。

なぜ、二度読みが時間の無駄なのでしょうか？それは、2回読んでも、理解度は2倍にはならないからです。インバスケット問題の文章は、一度読めば、内容のほとんどを理解することができます。もし、一度読んだだけでは理解できないのであれば、それは「二度読み」という悪い癖がついているからです。

また、二度読みは、深読みや混乱を招き、誤った解釈につながる可能性もあります。実際に、二度読みをする人の回答は、アウトプットが少ないだけでなく、的はずれな回答になっていることも少なくありません。

ですから、**インバスケット問題では、二度読みをやめましょう。その代わり、「一度しか読めない」と覚悟を決め、集中して読むようにしてください。**

一度で理解するためには、「重要な情報」を見抜く力が必要です。そのためには、「マーキング」や「要約」といったテクニックを活用するとよいでしょう。マーキングとは、先に解説した重要だと思う文章やキーワードに印をつけることです。要約とは、文章の要点を簡潔にまとめることです。これらのテクニックを活用することで、一度で内容を理解し、記憶に定着させることができます。

「二度読み」という悪癖を克服し、「一度で理解する」集中力を身につけることで、あなたはインバスケット問題を攻略できるでしょう。

現場で実践！

メールは一度で読む。

問いかけながら読む

インバスケット問題を速く読むには、「問いかけながら読む」ことが重要なコツです。

「問いかけながら読むってどういうこと？」

そう思った人もいるかもしれませんね。

例えば、部下から報告を受けるときを想像してみてください。

「結局、何が言いたいの？」「で、私にどうしろって言うの？」

こんなふうに思ったことはありませんか？

もし、あなたが上司なら、部下の報告を聞いているときに、こんなことを考えているかもしれません。

実は、この「結局、何が言いたいの？」という視点こそ、インバスケット問題を速く読むために必要な視点なのです。

インバスケット問題文を読むときは、ただ漫然と読むのではなく、**「自分は何を決めれ**

ばよいのか？」と問いかけながら読んでみてください。

そうすることで、問題文の中から必要な情報が自然と見えてくるようになります。

例えば、こんな問題文があったとします。

「あなたはある会社の社長です。業績が低迷しているため、対策を検討するように指示されました。どのような対策を検討しますか？」

この問題文を「自分は何を決めればよいのか？」と問いかけながら読んでみると、次のようなことがわかります。

●自分が社長という立場で、業績低迷の対策を検討しなければならない。
●問題文には、具体的な数字やデータは示されていない。
●つまり、限られた情報の中で、自分で仮説を立てて対策を検討しなければならない。

このように、「自分は何を決めればよいのか？」と問いかけながら読むことで、問題文のポイントが明確になります。

また、仮説を立てながら読むことで、情報収集の効率も高まります。

例えば、先ほどの問題文であれば、「業績低迷の原因は何か？」「どのような対策が考えられるか？」といった仮説を立てながら読むことで、必要な情報が明確になります。

この「問いかけながら読む」方法は、インバスケット問題だけでなく、実際の仕事にも役立ちます。

部下から相談や報告を受けるときにも、「結局、自分は何をすべきなのか？」と問いかけながら聞いてみてください。

そうすることで、短時間で判断し、行動に移すことができるようになります。

ぜひ、このコツをマスターして、インバスケット問題を速く読めるようにしてください。

現場で実践！

部下からの長い報告や相談の際に「で、何をすればいいの？」と聞き返してみる。

パレートの法則で読む

インバスケット問題を見ただけでウンザリしませんか? ひょっとすると問題を開けただけでめまいがする方もいるかもしれません。そう、とにかく問題文が長いのです。

問題文を全部読もうとすると、時間がいくらあっても足りません。そこで、**私がおすすめするのは「8割理解」を目標にすることです。**

「8割? 全部理解しなくていいの?」そう思った人もいるかもしれません。

ここで、パレートの法則を思い出してください。**パレートの法則とは、「全体の結果の8割は、全体を構成する要素のうちの2割による」という法則です。** 例えば、会社の売上の8割は、上位2割の顧客が生み出している、という法則です。

このパレートの法則は、インバスケット問題にも当てはまります。つまり、問題文全体の2割、重要な部分だけを読めば、8割程度の内容は理解できるということです。

「でも、重要な2割ってどこ?」そう思った人もいるかもしれません。確かに、どこが重要な2割なのかを見極めるのは、簡単ではありません。

しかし、問題文全体を俯瞰し、「自分は何を決めればよいのか?」と問いかけながら読むことで、重要な部分が見えてくるようになります。重要な部分さえつかめれば、あとは、そこを中心に読んでいくだけで、問題文の8割は理解できます。

8割理解できれば、あとは頭の中で補完して適切な判断を下せばよいのです。インバスケット問題を攻略するうえで、重要なのは、完璧主義を捨てることです。すべてを理解しようとすると、時間がいくらあっても足りません。8割理解できれば十分、という気持ちで問題文を読んでみてください。

この「パレートの法則で読む」という方法は、インバスケット問題だけでなく、実際の仕事にも役立ちます。仕事で報告書や資料を読むときにも、すべてを細かく読むのではなく、重要な部分だけをピックアップして読むようにしてみてください。そうすることで、時間を節約し、より多くの仕事に対応できるようになります。

ぜひ、このコツをマスターして、インバスケット問題を攻略してください。

現場で実践！

「ざっくり」という言葉を使ってみる。「大まかに理解する」でもよい。

使う頻度で置く場所を決める

短時間で必要な情報を引き出す技術を身につけたくありませんか?

そのコツをお話ししましょう。

以前インバスケット問題に取り組む方を観察していると、全体の2割ほど無駄な時間が

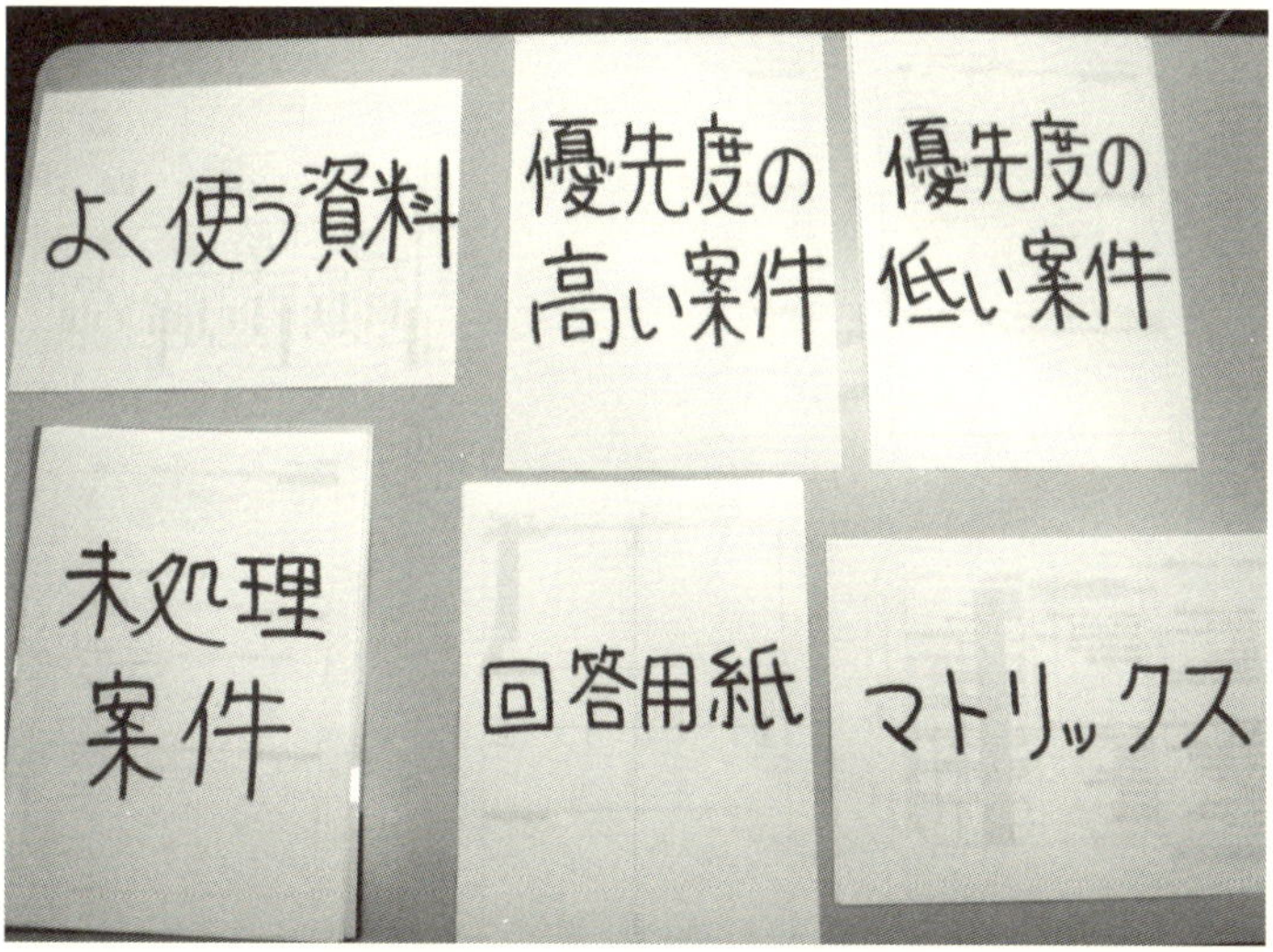

あることがわかりました。

無駄な時間とは何かを探す、または同じことを繰り返すという時間です。

例えば案件を見て資料を参考にしようと探す、紙が多くてどこに行ったのかを探すという時間は無駄なのです。

実は私にも経験があります。

あるフォーマットをどこに保存したかがわからなくなることもあります。

車や自転車のカギを探すことを人生で何度繰り返したのかわかりません。

本当に無駄な時間です。

インバスケットではいち早く読み込んで、

アウトプットを出すことが重要です。

ですからこの無駄な時間は徹底的に省く必要があります。それにより読む時間を確保し回答の量も増やせます。


そこでコツとしては、紙のインバスケットなら机の上の書類の配置を決めることです。

ＷＥＢ型のインバスケットであればディスプレイ上の配置を効率よく変えましょう。


これ（43ページの写真）は私がインバスケットをやる際の机の上の配置です。

まず練習するときから決めておけば、何がどこにあるかわかるので手も届きますし、目で探すこともありません。

具体的には会社の組織図は常に案件処理で使いますので近くに置いておきます。

また会社の方針やミッションなども判断の際に使いますので見える場所に置いておくと良いでしょう。

その他の資料は一束にしておくと良いでしょう。

試験本番では案件と資料が混在しますので必ず別にしておきます。

つまり使う頻度で置き場所を決めるわけです。

実際の管理職の業務でも、突発的な仕事が入ったときに素早く必要な情報を確認できるようにしているのが一流の管理職です。

緊急連絡先や緊急時のマニュアルなどはすぐに確認できますか？

またパソコンでよく使うファイルはすぐに出せるようにデスクトップやショートカットを作っておくのも情報をいち早く引き出すコツなのです。

現場で実践！

毎日使うファイルやよく見るサイトなどはもっと早く確認することができないか工夫してみよう。

STEP 2

優先順位をつけるコツ

多くの案件を限られた時間で処理するためには優先順位をつけること。

ただし優先順位をつけるのにもコツがある。

順番ではなく割合で分ける

インバスケット問題で、多くの人が陥る罠があります。

それは、すべての案件に優先順位をつけようとしてしまうことです。

20個の案件があれば、1位から20位まで、順番に並べようとしてしまうのです。

しかし、これは大きな間違いです。

なぜなら、**優先順位づけで本当に大切なのは、順番をつけることよりも、やるべきこと**

とそうでないことに分けることだからです。

考えてみてください。

15位と16位、あるいは19位と20位など、そもそも重要性の低い案件に、順番をつけることに意味がありますか？

これは、まるで、ビュッフェで食べきれないほどの料理を前に、食べる順番を決めているようなものです。

お腹がいっぱいになったら、順番が後ろの料理は、そもそも食べることができませんよね？

インバスケット問題も同じです。

限られた時間の中では、すべての案件を処理することはできません。

ですから、まずは、やるべきこととそうでないことを明確に区別することが重要なのです。

では、どのように区別すればよいのでしょうか？

ここで役に立つのが、割合で考えるという方法です。

私の場合は、重要な2割とそうでない8割に分けています。

インバスケットでもまず「優先順位の高いと思われるグループ」と「そうでないグループ」の2つの山に書類を分けます。

重要な2割に絞り込むことで、限られた時間の中でも、効率的に業務を処理することができます。

「でも、2割ってどうやって決めればいいの？」

そう思った人もいるかもしれません。

確かに、割合を決めるのは、簡単ではありません。

しかし、問題文全体を俯瞰し、「自分は何を決めればいいのか？」と問いかけながら読むことで、重要な案件が見えてくるはずです。

決める基準はこの後の項で説明しようと思っていますが、**大事なのは順番をつけるよりも、「優先順位の高いグループ」と「そうでないグループ」の2つに分けることです。**

先ほど私は2割と8割で分けると説明しましたが、この割合を決めておかないと、多くの場合ほとんどの案件が優先順位の高いグループに入ってしまうからです。

もちろん2割と決める必要はありません。最初は3割でも結構です。

重要なのは、限られた時間の中で、最大限のパフォーマンスを発揮するためには、「やるべきこと」を明確にすることです。

ぜひ、この「割合で考える」という方法をマスターして、インバスケット問題を攻略してください。

現場で実践！

毎日のタスクの中で「今日やらなければならない2割」を決めよう。

大事ベスト3を作る

インバスケット問題で優先順位をつける際に、多くの人が悩むことがあります。

それは、「どれも重要に見えて、どれを優先すればよいのかわからない」という悩みです。

すべてを完璧にこなしたい、という気持ちはわかります。

しかし、インバスケット問題では、限られた時間の中ですべての案件を完璧に処理をすることはできません。そこで必要になるのが、「自分軸」を作ることです。

自分軸とは、「仕事において、自分が最も大切にしたいもの」です。

私はインバスケットを処理する際に、まずこの設定から入ります。

大事にしたいものはたくさんあります。

目標達成や良好な人間関係はとても大事です。

また、部下や後輩から尊敬されること、上司から評価されることもとても大事ですよね。

もちろん人によって、大切にしたいものは違うでしょう。

しかし、どんなに素晴らしいものであっても、すべてを同時に実現することは不可能です。

例えば、引っ越しで部屋を選ぶときのことを考えてみてください。

「日当たり良好」「駅近」「家賃が安い」「広くてきれい」

このような素敵な条件をすべて満たす部屋があれば、それに越したことはありません。

しかし、現実はそう甘くはありません。

きっと、どこかで妥協しなければならないでしょう。

「駅近は譲れない」「日当たりが悪くても我慢しよう」「多少狭くても我慢するか」

このように、優先順位をつけて、最終的に「これだけは譲れない」という条件で部屋を選ぶはずです。

インバスケット問題も同じ考え方です。

あれもこれもと手を広げていると、「あっちを取ればこっちが立たず」という状態になり、優先順位をつけることができなくなってしまいます。

そこで、「自分は何を最も大切にしたいのか」を事前に決めておく必要があるのです。自分軸を定めることで、迷いを減らし、決断を速めることができます。

「でも、大切にしたいものがたくさんあって、一つに絞れない…」

そう思った人もいるかもしれません。

もちろん、自分軸は一つである必要はありません。

「目標達成」を1位に、「部下育成」を2位に、「上司との良好な関係」を3位に、といったように、ベスト3を決めておくのもよいでしょう。

自分軸さえ明確であれば、難しい判断や取捨選択も、スムーズに行うことができます。

インバスケット問題だけでなく、実際の仕事でも、難しい判断を迫られることは多々あります。

ぜひ、自分軸を定めることを習慣づけて、自信を持って決断できるようになってください。

現場で実践！

仕事をするうえで何を大事にするべきかベスト3を決めよう。

マトリクスを使いこなす

インバスケット問題で優先順位をつけたとき、後で「あれ？周りの人と全然違う…」と焦ることはありませんか？

実は、これはよくあることです。

自分では「絶対にこれが重要だ！」と思って優先順位をつけても、他の人から見れば、「なぜ、こんな案件を優先しているの？」と思われることは少なくありません。

これは、インバスケット試験において、非常に残念な問題です。

なぜなら、どんなに素晴らしい案件処理や判断をしても、それが評価の対象外であれば、スコアが上がらないからです。

では、どうすれば、この問題を解決できるのでしょうか？

私がおすすめするのはマトリクスを使って考えることです。

マトリクスとは、縦軸と横軸を使って、物事を整理するための表のことです。

優先順位実行マトリクス

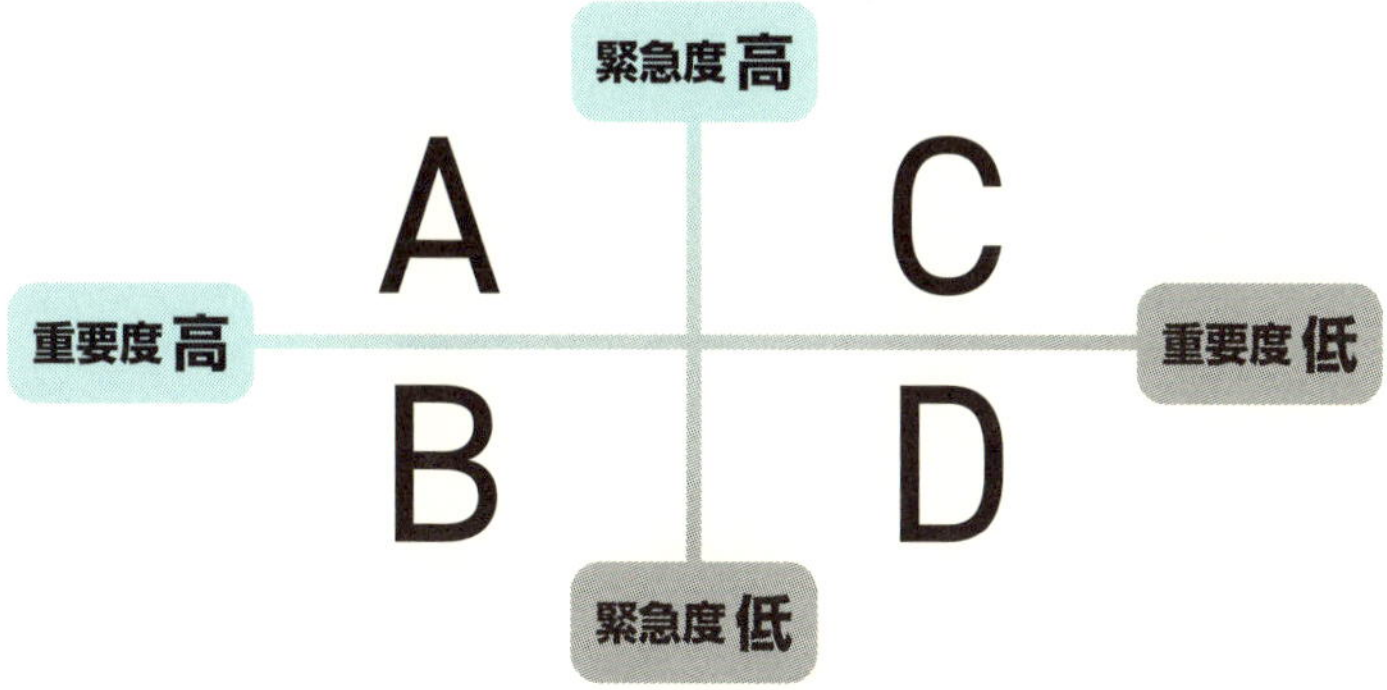

インバスケット問題では、「緊急度」と「重要度」の2軸でマトリクスを作り、そこに案件を配置していくイメージで優先順位をつけていきます。

多くの人が、優先順位づけを誤ってしまう原因は、「緊急度」だけで考えてしまうからです。

緊急度とは、「締め切りが近い」「すぐに対応が必要」といった、時間的な制約のことです。

もちろん、緊急度の高い案件を優先することは大事です。

しかし、緊急度だけで判断してしまうと、重要度の低い案件を上位に設定してしまう可能性があります。

重要度とは、**「その案件が、組織や会社に与える影響の大きさ」**のことです。

例えば、「顧客からのクレーム対応」は、一般的に緊急度も重要度も高い案件と言えるでしょう。

しかし、恒常的に発生しているクレームで部下でも処理できるのであれば、自部署の今後の戦略を決定するような会議の方がより重要度としては大きいかもしれません。

このように、緊急度と重要度の両方を考慮することで、より適切な優先順位をつけることができます。

もう一つ、**優先順位づけで重要なのは、客観的な視点を持つことです。**

よく陥りやすいエラーが自分の得意分野や過去在籍していた業務などは、ついつい重要に見える傾向があるものです。このようにどうしても、自分の経験や知識に偏った考え方をしてしまいがちですが、「他の人はどう考えるか？」を意識することも大切です。

そのためには、上司や同僚に相談するのも有効な方法です。

あるいは、複数の問題集を解いて、さまざまなケースを経験しておくのもいいでしょう。
マトリクスと客観的な視点を活用することで、より適切な優先順位づけを行い、インバスケット試験を突破してください。

現場で実践！

1週間のやるべきことをマトリクスに落とし込んでみよう。

時間よりも影響度に少し重きを置く

インバスケット問題で、より精度の高い優先順位づけを行うためのコツをお伝えしましょう。

それは、**「緊急度」と「重要度」の2軸のうち、「重要度」に重きを置くことです。**

多くの人は、日々の業務に追われる中で、「緊急度」の高いタスクに意識が向いてしまいがちです。

しかし、インバスケット問題は、管理職の視点で解くことが求められます。

管理職は、目の前の業務をこなすだけでなく、組織全体の目標達成や長期的に安定的な業務運営を求められています。

そのため、「重要度」を重視した優先順位設定が重要になるのです。

重要度を重視するメリットは、大きく3つあります。

1つ目は、時間に対するバイアスを和らげることができます。

現場では、「締め切りが近い」「すぐに対応が必要」といった、時間的な制約に縛られがちです。

しかし、管理職は、中長期的な視点で物事を判断しなければなりません。

重要度を重視することで、時間にとらわれず、冷静に判断することができるようになります。

2つ目は、中長期的に重要な案件に目を向けることができます。

先ほど申し上げたように、管理職は目の前の仕事に追われるだけでなく、将来を見据えた戦略を立てる必要があります。

重要度を重視することで、「今、何をすべきか」を見極めることができるようになります。

例えば、「人材育成」や「組織の体制づくり」などは、緊急度は低いかもしれませんが、組織の将来を左右する重要な案件なのです。

3つ目は、大きな功績を生み出す仕事に取り組むことができます。

管理職にとって、最も評価されるのは、組織全体の目標達成に貢献することです。

そのためには、「人材育成」「仕組みづくり」「戦略策定」など、重要度の高い仕事に取り組む必要があります。

時間に追われるだけの管理職は、決して高く評価されません。

重要度を重視することで、組織に貢献できる仕事に集中することができます。

インバスケット問題に取り組むときは、「重要度」を意識することが不可欠です。

時には、期限のある仕事を後回しにしてでも、重要な仕事に取り組むくらいの気持ちでちょうどよいでしょう。

ぜひ、このコツをマスターして、管理職としての視点を身につけてください。

現場で実践！

1日に一つ期限が迫っていない仕事に取り組んでみる。

仕事の内容で区分けしない

インバスケット問題で優先順位をつける際に、やってしまいがちなミスがあります。
それは、案件の種類で分けてしまうことです。

「対外的な案件だから重要」「上司からの指示だから最優先」

このように考えてしまう人はいませんか？

確かに、現場では、「お客様第一」というように、案件の種類で優先順位をつけることが一般的です。

これを現場視点と呼び、インバスケットで残念な回答の一つです。

管理職の仕事は、仕事の種類だけで優先順位をつけられるほどそう単純ではありません。

管理職は、マネジメント職ですので部署内の統制や計画立案、他部署との調整、時には政治家のような根回しなどさまざまな案件を処理しなければなりません。

そのため、案件の種類だけで優先順位をつけてしまうと、重要な案件を見落としてしまう可能性があります。

例えば、顧客からのクレーム対応は、一見すると重要度の高い案件に見えます。

しかし、それが「よくあるクレーム」なのか、それとも「前代未聞のクレーム」なのかによって、対応の優先順位は変わってきます。

また、対外的な案件よりも、社内の組織改革のほうが、重要度が高い場合もあるでしょう。

では、どのように優先順位をつければいいのでしょうか?

それは、「判断や処理内容の推測」を基準にすることです。

つまり、「この案件を処理することで、どのような結果が生まれるのか?」を見極めることが重要なのです。

そのためには、問題文をよく読み込み、状況を正確に把握する必要があります。

そして、「自分は何を決めればよいのか?」を常に意識しながら、緊急度と重要度のバランスを考えなければなりません。

実際の管理職の業務でも、状況に応じて柔軟に対応することが求められます。

時には、対外的な案件を後回しにして、内部の案件を優先することもあるでしょう。

あるいは、上司の指示よりも、顧客からの要望を優先することもあるかもしれません。

インバスケット問題は、管理職としての判断力を試す試験です。

だからこそ、優先順位設定が重要な評価項目になっているのです。

案件の種類にとらわれず、状況を的確に判断し、適切な優先順位をつけることができるように、日頃から訓練しておくことが大切です。

現場で実践！

その仕事をしないときにどのようなことが起きるかを想像してみよう。

全体をまず読む

インバスケット問題を攻略するうえで、最大の秘訣と言っても過言ではない、基礎中の基礎があります。

それは、問題文の読み方です。

インバスケット問題を初めて解く人は、多くの案件を渡されると、つい焦ってしまい、最初から順番に処理しようとします。

しかし、これは大きなミスです。

なぜなら、インバスケット問題は、個々の案件を処理することだけが目的ではないからです。

求められているのは、全体の流れや他の案件との関連性を読み取り、状況を総合的に判断することです。

インバスケット問題の製作者は、受験者が全体を見ているかを評価するために、後半に「これまでの判断を覆すような情報」を忍ばせていることがよくあります。

例えば、前半では「A社の製品を導入する」という判断が妥当に見えても、後半で「B社の製品のほうが、長期的に見てコストパフォーマンスが高い」という情報が出てくるかもしれません。

もし、前半の情報だけで判断してしまったら、誤った方向に進んでしまうことになります。

そこで重要になるのが、最初に問題文全体をサラッと読んでおくことです。

全体を俯瞰することで、「どのような情報があるのか」「どのような問題点が潜んでいるのか」を把握することができます。

そうすれば、後から重要な情報が出てきて、先に書いた回答を書き直す、といった無駄な手間を省くことができます。

また、全体を把握することで、案件処理の際に他の案件の情報と関連づけて考えることができます。

これは、洞察力が優れていると評価されるポイントになります。

例えば、「A社の製品を導入する」という案件を処理する際に、「B社の製品に関する情報」を考慮することで、より深い分析を行うことができます。

全体を俯瞰するということは、インバスケット問題だけでなく、実際の仕事でも非常に重要なスキルです。

1日の始まりに、その日のスケジュールを確認したり、1週間の流れを確認しておくことで、まとめて行うことができる仕事を発見できることがあります。

あるいは、複数のプロジェクトが同時進行している場合、全体像を把握することで、リソースの最適な配分を行うことができます。

ぜひ、「全体を俯瞰する」ことを習慣づけて、インバスケット問題だけでなく、日々の業務も効率的にこなせるようにしてください。

現場で実践！

1週間の予定に目を通してから今日の仕事に取り掛かろう。

やらないことを決める

インバスケット問題で、もう一つ重要な優先順位づけのコツがあります。

それは、**「やらないこと」を決めることです。**

多くの人は、問題文を読み始めると、「どれから手をつけようか？」と、やる順番を考え始めます。

確かに、すぐに着手すべき案件は見つかるでしょう。

しかし、問題はその後です。

優先順位が高そうな案件が山積みになり、「どれを先にすればよいのかわからない…」という状態に陥ってしまいます。

しかも、すべての案件が複雑に絡み合い、「どこから手をつければよいのか、まったく見当もつかない…」という状況に陥ることも少なくありません。

そんなときは、発想を転換してみましょう。

「やること」を決めるのではなく、「やらないこと」を先に決めるのです。

これは、まるで、メールボックスを整理する作業に似ています。

受信トレイに未読メールが山積みになっていると、「見るだけで気が滅入る…」という経験はありませんか？

そんなときは、不要なメールから削除していくと、重要なメールだけが残るので、処理がしやすくなります。

インバスケット問題も同じです。

まずは、「これは明らかに重要度が低い」と思われる案件を、思い切って「やらない」と決めてしまいましょう。

そうすることで、本当に重要な案件が浮き彫りになり、優先順位づけがしやすくなります。

「やらない」と決めることは、勇気が必要です。

しかし、限られた時間の中で、最大限の成果を上げるためには、「捨てる勇気」も必要なのです。

ちなみに、「やらない順番」をつけることを「劣後順位設定」と呼びます。

これは、管理職になると、日々の業務で頻繁に行うことです。

例えば、部下からさまざまな相談や依頼が寄せられた際に、「どれを後回しにするか」を判断しなければなりません。

あるいは、複数のプロジェクトが同時進行している場合、「どのプロジェクトを一時中断するか」を決断しなければならないこともあります。

インバスケット問題を通して、「劣後順位」をつける訓練をしておくことは、将来、管理職として活躍するために、必ず役に立つはずです。

ぜひ、「やらないもの」を決めるという発想を取り入れて、インバスケット問題を攻略してください。


現場で実践！

メールを処理する前に処理しないメールを削除してしまおう。

STEP

3

他人を巻き込むコツ

リーダーとして周りを巻き込んで仕事をすることは必須条件です。
このステップでは周りを巻き込むコツを教えます。

CCは必ず使う

インバスケット問題で高得点を狙うには、「計画組織力」が重要になります。

計画組織力とは、周りの人を巻き込み、協力して目標を達成する力のことです。

これは、インバスケット問題だけでなく、実際の仕事においてもリーダーとして不可欠な能力です。

今回は、計画組織力を高めるための具体的な方法として、「ＣＣ」を効果的に活用する方法について解説します。

ＣＣとは、メールを送信する際に、Ｔｏ以外の相手に、同じ内容を共有するために使用する機能です。

一見、簡単な機能ですが、使い方次第で、周りの人を巻き込み、協力体制を築くことができます。

ＣＣを使うメリットは、大きく分けて４つあります。

①情報共有

情報は、組織にとって血液のようなものです。

血液がスムーズに循環することで、組織は健全な状態を保つことができます。

しかし、情報が特定の人に滞ってしまうと、組織全体に新鮮な情報が行き渡らなくなり、意思決定の遅れや大きなミスにつながる可能性があります。

そこで、ＣＣを活用することで、必要な情報を関係者に共有し、組織全体の活性化を図ることができます。

②情報伝達の確実性向上

メールは便利なツールですが、相手が確認しなければ情報が伝わらないという課題があります。

相手が何らかの理由でメールを確認できない場合でも、ＣＣに関係者を入れておけば、誰かが気づいて対応してくれる可能性が高まります。

特に、緊急度や重要度の高い案件では、ＣＣを活用することで、情報伝達の確実性を高めることができます。

③根回し

根回しとは、事前に関係者に情報共有を行い、合意形成を図ることです。

ＣＣを活用することで、関係者に事前に情報を伝達し、意見交換や調整をスムーズに行うことができます。

これにより、無用なトラブルや意見の対立を避け、円滑にプロジェクトを推進することができます。

④集約伝達

限られた時間の中で、大量の業務を処理しなければならない場合、ＣＣは非常に有効な手段となります。

本来であれば、一人ひとりに個別にメールを送信したいところですが、ＣＣを活用することで、一度に複数人に情報伝達することができます。

これにより時間と労力を大幅に削減することができます。

ＣＣは、周りの人を巻き込むための強力なツールとなります。

しかし、使い方を誤ると、情報漏えいや無駄な情報拡散につながる可能性もあります。

ＣＣを使用する際は、「本当にこの人に共有する必要があるのか？」をよく考えてから、慎重に判断するようにしましょう。

ぜひ、ＣＣを効果的に活用して、周りの人を巻き込み、組織全体で目標達成を目指してください。

現場で実践！

いつもよりメールの返信時にＣＣを意識してみる。

会議やミーティングを開催する

インバスケット問題で周りの人を巻き込むには、「会議」や「ミーティング」を活用することが効果的です。

「会議？　うわぁ、面倒くさい…」

そう思った人もいるかもしれませんね。

確かに、会議は、時間もかかるし、面倒なことも多いものです。

しかし、リーダーになると、会議をうまく活用する側に立たなければなりません。

インバスケット問題では、会議を開催することで、周りの人を巻き込み、協力体制を築くことができます。

例えば、着任後には、問題の洗い出しや情報共有のための会議を開催するのが効果的です。

これにより、状況を把握し、課題を明確化することができます。また、あなたが感じている問題点をメンバーに共有することもできます。

また、メンバーの顔と名前を一致させることで、コミュニケーションを円滑にすることもできます。

さらに、自分の方針や今後のビジョンを一括して伝えることで、意識統一を図ることもできます。

大きなトラブルが発生した場合には、対策会議を開催することも有効です。

個別に指示を出すよりも、関係者を集めて会議を行ったほうが、迅速な解決につながります。

また、さまざまな意見を集めることで、より効果的な対策を立てることができます。

私自身も個別に指示を出そうと先走ることがありますが、結局重複して指示を出すことが多いのに気づきます。

対策会議を開催し再発防止策を全員で共有することで、組織全体の意識向上を図ることもできます。

会議は、短期的な問題解決だけではなく、長期的な戦略を練る場としても活用できます。

メンバーの意見を集約することで、より効果的な戦略を策定することができます。

ただし、会議は大人数で行うため、個別の問題を扱うには不向きです。

個人的な相談や指導などは、１ｏｎ１などの個別面談で行うようにしましょう。

会議を効果的に行うためには、事前の準備が重要になります。

準備不足の会議は、時間の無駄になるだけでなく、結論が出ないまま終わってしまう可能性もあります。

会議を開催する際は、事前に目的と議題を明確にしておく必要があります。

また、必要な資料を準備しておくことも重要です。

さらに、結論をまとめるなどの役割の人を決めておくことも大切です。

インバスケット問題では、このように会議の準備を指示する計画力も評価されます。

例えば、自分が不在の間、部下に資料作成や関係部署への根回しを指示する、といった行動が考えられます。

会議は現場にいるときはあまり参加したいものではないかもしれませんが、管理職になると周りの人を巻き込み、協力体制を築くための有効な手段です。

ぜひ、会議を効果的に活用し、インバスケット問題を攻略してください。

現場で実践！

会議で伝えたいことや解決したいことを発信してみよう。

依頼内容は残るもので依頼する

リーダーにとって、部下や関係部署に指示や依頼を出すことは、日常茶飯事です。

しかし、「伝わらない」という問題は、なかなか解消しません。

むしろ、コミュニケーションツールが増えた現代においては、なぜか「伝わらない」という悩みは、より深刻になっているように感じます。

私自身も「きちんとお願いしたはずなのにな」と思いながら部下からの「聞いていません」という返信のメールを見て嘆いた覚えがあります。

どんなに素晴らしい判断を下しても、どんなに効果的な解決策を考え出しても、相手に伝わり、実行されなければ意味がありません。

だからこそ、インバスケット問題では、伝え方にも工夫を凝らす必要があります。

特に、指示を出す際には、部下の特性を理解することが重要です。

上司の指示を察して動ける部下であれば、おおまかな指示でも問題ありません。

例えば、「この件はマニュアルに従って処理してください」といった指示の出し方です。

しかし、理解が遅い部下や経験の浅い部下には、補足説明を加える必要があります。

上記の指示に加えて、「マニュアルは総務部にあります。もし、マニュアルの内容が理解できない場合は、総務部長に相談してください」のように、具体的な指示を出すように心がけましょう。

また、一度に多くの指示を出す際にも、注意が必要です。

自分で優先順位をつけられる部下であれば、指示の羅列でも構いません。

しかし、そうでない部下に対しては、指示を実行する順番を明確に伝える必要があります。

指示の伝え方を工夫することは、インバスケット問題だけでなく、実際の業務も重要です。

私は、**現場で指示を出す際には、指示の内容を考える時間と同じくらい、伝え方を工夫する時間をかけています。**

例えば、イラストを使って完成形をイメージできるようにしたり、復唱してもらったり、質問をして理解度を確認したりするなど、さまざまな工夫をしています。

さらに、指示の実行度合いが悪い部下に対しては、口頭で伝えた後、同じ内容を文書で伝えるという方法も使います。

これは、一見、無駄な作業のように思えるかもしれません。

しかし、指示の実行度合いが悪い部下は、指示の内容を取り違えたり、言い訳をしたりすることが多いため、証拠を残しておく必要があるのです。

このように、あの手この手を使って、部下に自分の求める結果を出してもらうことが、管理職の重要な仕事なのです。

インバスケット問題を通して、「伝える技術」を磨き、部下を動かすリーダーを目指しましょう。

現場で実践！

指示を出した後、メールで補足指示を出しておく。

ダメもとで頼んでみる

「人に何かを頼むのは気が引ける…」

「自分でやった方が早いんじゃないか…」

そう思って、何でも自分で抱え込んでしまう人はいないでしょうか?

確かに、頼みごとをするのは、勇気がいることです。

「断られたらどうしよう…」

「相手に迷惑をかけてしまうんじゃないか…」

そんな不安を感じるのも無理はありません。

しかし、インバスケット問題では、「人に頼ること」も重要なスキルの一つです。

むしろ、何でも自分でやろうとしてしまうと、「リーダーとして周りをうまく活用できない」と評価されてしまう可能性があります。または仕事を抱え込む傾向があると評価されるかもしれません。

人に頼ることは、決して「恥ずかしいこと」ではありません。
むしろ、「自分の能力を最大限に発揮する」ための有効な手段なのです。

人に頼ることには、以下のようなメリットがあります。

①自分にはない視点や解決策を得られる

自分一人で考えていると、どうしても視野が狭くなってしまいがちです。

しかし、他人に相談することで、新たな視点や斬新なアイデアが得られることがあります。

②関係を強化できる

人に頼みごとをすることで、相手との関係を深めることができます。

「困ったときはお互い様」という関係を築くことで、よりスムーズな連携が可能になります。

③自分の負担を軽減できる

他人に頼ることで、自分の負担を軽減し、より重要な仕事に集中することができます。

リーダーは、「自分がすべてをやる」必要はありません。

むしろ、「他人に任せる」ことで、組織全体の力を最大限に引き出すことが重要なのです。

インバスケット問題では、「誰に何を頼めばいいのか」を判断する適任者決定能力も問われます。

問題文をよく読み込み、それぞれの登場人物の役割や能力を把握することが重要です。

もし、誰に頼めばいいのかわからない場合は、代理の人を指定し、その人に適切な担当者を探してもらう、という方法もあります。

あるいは、「誰かやってくれませんか？」と、全員に呼びかけるという方法もあります。

「断られたらどうしよう…」と不安に思うかもしれませんが、「ダメもと」で頼んでみることも大切です。

頼んでみて、断られたとしても、何も失うものはありません。

むしろ、「頼る」という行動を起こすこと自体が、リーダーシップを発揮していると言えるでしょう。

ぜひ、「頼ること」を恐れないで、インバスケット問題に挑戦してください。

現場で実践！

いつも自分で行っている仕事を誰かにお願いしてみる。

相手の心に響く説得の技術を使う

先日、ある店で不良品を買ってしまったときのことです。

お店にその旨を伝えると、店員はろくに事情も聞かずに「返金します」の一点張り。
もちろん、お金が戻ってくるのはありがたい。
しかし、私はどうも釈然としませんでした。

なぜなら、私が求めていたのは、ただ「お金」ではなく誠意のある対応だったからです。

このように、相手を説得したり、理解させようとする際に、ポイントがずれていると、状況は悪化する一方です。

これは、職場でも同じことが当てはまります。

上司、関係部署、部下…
それぞれの価値観が異なります。

どんな相手にも効果的な、説得の万能薬など存在しません。

では、どうすれば、相手の心に響く伝え方ができるのでしょうか？
それは、相手のタイプ、つまり価値観を見抜くことです。
説得のタイプは、大きく3つに分類されます。

「利」：自分の利益になることを重視するタイプ

「律」：ルールや法律を重視するタイプ
「情」：感情や人間関係を重視するタイプ

インバスケット問題では、説得すべき相手が、どのような価値観を持っているのか、情報が隠されているはずです。

問題文をよく読み込み、相手の言動や行動から、タイプを見極めましょう。

例えば、「効率性を重視する」発言が多い相手であれば、「利」のタイプである可能性が高いでしょう。

「規則に従うべきだ」と主張する相手であれば、「律」のタイプである可能性が高いでしょう。

「周りの意見を尊重する」相手であれば、「情」のタイプである可能性が高いでしょう。

相手のタイプを見極めたら、それに合った説得方法をとるように心がけましょう。

「利」のタイプには、メリットを具体的に示すと効果的です。
「律」のタイプにはルールや前例に基づいて説明すると効果的です。
「情」のタイプには熱意や誠意を伝えると効果的です。

実際の職場でも、相手を説得したり、協力を依頼する場面は多くあります。

そんなときは、ぜひ「相手の価値観」を意識してみてください。
きっと、よりスムーズなコミュニケーションが取れるようになるはずです。

現場で実践！

あなたの周りの人たちを「利・律・情」の3タイプに分けてみる。

大げさに騒いでみる技術

インバスケット問題では、自分の部署内だけでなく、他部署を巻き込む力も評価の対象となります。

しかし、他部署を巻き込むのは、容易なことではありません。

なぜなら、他部署にも、それぞれの仕事があり、忙しいからです。

「正直、よその部署の仕事なんて、増やしたくない…」

そう考えている人もいるでしょう。

そこで、必要になるのが、「巻き込み力」です。

巻き込み力とは、相手を動かし、協力を得る力のことです。
単に情報を共有するだけでは、不十分です。
「なぜ、協力が必要なのか」を、相手に理解させなければなりません。
では、どうすれば、他部署を巻き込むことができるのでしょうか?
私がおすすめするのは、「大げさに騒ぐ」ことです。
「え?　嘘をついてもいいの?」
そう思った人もいるかもしれません。
もちろん、嘘をついてはいけません。
しかし、少し大げさに表現することは、有効な手段です。

例えば、

「このままだと、大変なことになります！」

「早急に対策を講じないと、会社全体に影響が及ぶ可能性があります！」

このように、リスクや危機感を明確に伝えることで、相手の注意を引きつけ、行動を促すことができます。

さらに、感情を込めて訴えることで、より効果的に伝えることができます。

「このままでは、私たちの努力が水の泡になってしまいます！」

「どうか、力を貸してください！」

このように、本気で困っているということを伝えることで、相手の共感を得やすくなります。

ただし、この方法は、乱用すると逆効果になります。
「オオカミ少年」のように、いつも大げさに騒いでいると、信用を失ってしまいます。
本当に重要な案件のときにだけ、「オオカミ少年」を演じるようにしましょう。
他部署を巻き込むのは、セオリー通りにいかない場合もあります。
時には、型破りな方法が必要になることもあります。
「大げさに騒ぐ」というのも、管理職必須のパフォーマンス術の一つです。
ぜひ、状況に応じて、柔軟に使い分けてください。

現場で実践！

1日に一度大げさに驚いてみる。

楽しそうにやりたいことを伝える

人を巻き込むには、いろいろな方法があります。
前回は、「大げさに危機感をあおる」という方法を紹介しました。
しかし、できれば、相手には自主的に参加してもらいたいものです。
そこで、今回は「楽しそうに伝える」というテクニックを紹介します。
新しいプロジェクトの話を聞いたとき、

「面白そうだな」
「ワクワクするな」

そう思ったら、きっと参加したくなりますよね。

では、どうすれば、楽しそうに伝えることができるのでしょうか？

まずは、熱意を伝えることが大切です。

「この企画は、今までにない、画期的なものです！」

このように、目を輝かせ、力強い声と身振り手振りを交えて伝えれば、相手に熱意が伝わります。

これは、プレゼンテーションの基本中の基本です。

はつらつと、そして熱を込めて伝えることで、相手を惹きつけることができます。

また、ストーリーを使って伝えることも効果的です。

「この企画は、構想3年。きっかけは、ある顧客からの言葉でした…」

このように、背景や経緯を物語のように語ることで、相手に興味と共感を持ってもらうことができます。

さらに、ネガティブな言葉を使わないことも重要です。

「8割の人は反対しています…」

と言うよりも、

「確かに、反対意見も多いですが、2割の人は賛成してくれています!」

と言う方が、前向きな印象を与えます。

ピンチや逆境も、チャンスや機会に言い換えることで、相手に不安を与えないようにしましょう。

ユーモアは時には効果的です。

「私は、この事業に全財産をかけています！　…まあ、前回失敗した事業にも全財産をかけていましたが（笑）」

このように、ユーモアを交えることで、場を和ませ、ポジティブな雰囲気を作り出すことができます。

楽しそうに伝えるには、相手がワクワクするような演出を心がけることが大切です。

表情、声のトーン、言葉遣い、ストーリー…

あらゆる要素を駆使して、「楽しさ」を演出しましょう。

現場で実践！

何かを伝えたいときは「どのように伝えるか」作戦を考えてみる。

外部の専門家に助言を求める

仕事で困ったことが起きたとき、あなたなら誰に相談しますか？

多くの人は、「上司」と答えるのではないでしょうか。

もちろん、上司に相談するのは間違いではありません。

しかし、インバスケット問題では、「視野を広く持つ」ことが重要です。

上司以外にも、相談できる相手はたくさんいます。

例えば、他部署の人に相談してみるのも良いでしょう。

特に、専門知識や経験が豊富な人に相談することで、新たな視点や解決策を得られることがあります。

インバスケット問題では、社内の人脈を駆使して問題を解決する「計画組織力」も評価されます。

問題文をよく読み、登場人物や組織図を確認することで、誰に相談すればよいかを判断しましょう。

さらに、外部の専門家に相談するという方法もあります。

弁護士、コンサルタント、税理士など、専門家には、社内にはない専門知識やノウハウがあります。

もちろん多くの場合コストがかかりますし、情報漏洩のリスクもあります。ですから外部の専門家に相談する場合は、上司に相談し、許可を得るようにしましょう。

ただ外部の資源を活用することで社内では出なかった解決策が見つかることもありますし、社内で解決するより短時間で解決に導くこともできるのです。

インバスケット問題では、「外部の専門家に相談する」という行動も、高い評価につながります。

例えば、上司に、

「今回の問題は、法的なリスクも考えられるため、外部の弁護士に相談したいのですが、いかがでしょうか？」

と提案することで、問題解決に対する積極的な姿勢をアピールすることができます。

外部の資源を活用する考え方は、実際のビジネスシーンでも重要です。

社内に足りない専門知識や技術を、外部から補うことで、より効率的に業務を進めることができます。

また、外部との連携を通して、新たなビジネスチャンスを生み出すこともできます。

私自身も困ったときに相談できる方を各分野でリストアップしています。

法律なら○○先生。パソコンなら○○君というふうにです。

インバスケット問題を通して、「視野を広く持つ」ことの重要性を学びましょう。

上司だけでなく、他部署や外部の専門家など、さまざまな人を頼ることで、より良い解決策を見つけることができるはずです。

現場で実践！

困ったときの専門家リストを作っておく。

STEP 4

トラブル対処のコツ

管理職は問題解決職です。

このステップではトラブルが起きたときの対処のコツを教えます。

周りに知らせる（緊急行動）

先日、パリの美術館で、こんな光景を目にしました。

階段を上っていた女性が、足を滑らせて転倒してしまったのです。

彼女は、恥ずかしそうに立ち去ろうとしましたが、どうやら足を怪我してしまったようで、友人に支えられながら、その場にうずくまっていました。

異国の地で、誰に助けを求めればよいのかわからなかったのでしょう。私は違うフロアからしばらく眺めていましたが、周りは彼女を気にしながらも素通りです。

しかし、しばらくして異変に気づき、美術館のスタッフが駆けつけて、女性を介抱していました。

この光景を見て、私は、「助けを求めることの大切さ」を改めて実感しました。

仕事でも、同じようなことがよくあります。

トラブルが発生しても、「周りに迷惑をかけたくない」「自分のミスを知られたくない」

そんな気持ちから、一人で抱え込んでしまう人は少なくありません。

しかし、**「一人で抱え込む」のは、トラブル解決において、最悪の選択です。**

なぜなら、仕事はチームで行うものだからです。

一人が抱え込んでしまうと、情報共有が遅れ、被害が拡大する可能性があります。

最悪の場合、会社全体に大きな損害を与えてしまうかもしれません。

以前、私が研修を担当していた会社で、こんなことがありました。

ある社員が、顧客の個人情報が記載された書類を紛失してしまったのです。

彼は、「自分のミスで会社に迷惑をかけたくない」と思い、上司に報告せずに、一人で探していました。

しかし、書類は見つからず、結局、顧客の個人情報は外部に漏洩してしまったのです。

会社は、多額の賠償金を支払うことになり、社会的信用も失墜してしまいました。

そればかりではなく、対応が遅いことを顧客から指摘されたそうです。

もし、彼がすぐに上司に報告していれば、被害を最小限に抑えられたかもしれません。また社内の処理体制も混乱せずに構築できたかもしれません。

ですから**トラブルが発生したときは、「一人で抱え込まずに、助けを求める」ことが大切です。**

自部署のトラブルは自部署だけで解決したいという責任感は素晴らしいですが、最悪のことを考えて空振りを恐れず異常を察知したら周りに知らせましょう。一人で考えるよりも、複数の人で考えることで、よりよい解決策を見つけることができるでしょう。

さらに、情報共有をすることで、再発防止にもつながります。

トラブルは、誰にでも起こりうることです。

「一人で抱え込まずに、周りに助けを求める」

これが、トラブル解決の最大の秘訣です。

現場で実践！

異常を感じたら周りに相談してみる。

被害を最小限に抑える（応急行動）

私が食品スーパーのマネージャーをしていたときのことです。

ある日、顧客から「購入した商品に虫が入っていた」というクレームを受けました。

私は、すぐに部下に指示を出しました。

「同じ商品を、すべて売り場から撤去しろ！」

部下は、きょとんとした表情で、

「なぜですか？　他の商品に虫が入っているとは限りませんよね？」

と尋ねてきました。


確かに、その通りです。

しかし、私は、「被害を最小限に食い止める」ことの方が重要だと考えたのです。

もし、他の商品にも虫が混入していたら、さらに多くのクレームが発生する可能性があります。


そうなれば、会社の信用は失墜し、損害も大きくなってしまいます。

もちろん、商品を撤去すれば、売上の減少という損失が発生します。空振りだった場合はいらぬ作業が発生するコストもかかります。


しかし、被害の拡大を防止することと比べれば、取るに足らない損失です。

食品メーカーが、商品の回収を行うのも、同じ理由です。

ほとんどの商品に問題はないかもしれませんが、万が一のことを考えて、回収を行うのです。

インバスケット問題でも、「被害を最小限に食い止める」という考え方が重要になります。

トラブルが発生したとき、多くの人は、事実確認や原因究明を優先しようとします。

もちろん、これらの行動も重要です。

しかし、その間にも、被害は拡大しているかもしれないと考えるのが管理職のトラブル処理のコツです。

ですからインバスケット問題でも、「被害を最小限に食い止めるために、今、何をすべきか?」を常に意識することが重要です。

例えば、情報漏えいの疑いがある場合は、すぐに関係部署に連絡し、被害の拡大を防止するための措置を講じる必要があります。

このようにトラブルは今も拡大しているという意識を持ってください。

トラブルが発生したときは、「周りに知らせる」とともに、「被害を最小限に食い止めるにはどうすれば良いか？」を考えるようにしましょう。

これが、トラブル対応の鉄則です。

現場で実践！

トラブルが起きたとき、同様のトラブルが他でも起きていないかチェックする。

原因を探る（原因追究行動）

トラブルが発生したら、原因を探るのは当たり前だと思うでしょう。

先日愛車に異常がありました。

いいえ、最初は異常と思っていませんでした。

フロントガラスをきれいにするウォッシャー液の減りが早いのです。

私の使い過ぎなのか、（実際によく使うので）と思って、すぐに補充します。

しかしまたしばらくたつと不足のランプがつくのです。

ここでおかしいと思いディーラーに持ち込むと、機械のパイプから水が漏れていたとのことでした。


異常が起きたときにすぐに原因を探れば、適切な対処策を打てたのですが、水がなくなったから水を補充するというプロセスを飛ばした行動を取ってしまったわけです。

実は受験者のインバスケットの回答を見ると、この原因究明が抜け落ちていることが多いのです。

なぜでしょうか?

それは、原因究明が、トラブルの一時対応が終わってから行われることが多いからです。一時対応に追われているときは、「とにかく目の前の問題を解決しなければ!」という気持ちでいっぱいになります。

そのため、原因究明は後回しにされがちです。

そして、トラブルが収束すると、「もう大丈夫だろう」「次は気をつけよう」と、安易に考えてしまうのです。

しかし、原因を突き止めずに放置しておくと、同じトラブルが繰り返される可能性があります。

それは、まるで、消えたと思った火が、まだくすぶっているようなものです。

いつ、再び燃え上がるかわかりません。

真の原因を突き止め、根本的な対策を講じなければ、本当の意味での解決にはなりません。

では、どのように原因究明を行えばよいのでしょうか？

「なぜなぜ分析」という手法があります。

これは、「なぜ？」と繰り返し問いかけることで、真の原因に迫る手法です。

例えば、

「なぜ、顧客からクレームが来たのか？」
「なぜ、納期に遅れてしまったのか？」
「なぜ、ミスが発生したのか？」

といった具合に、「なぜ？」を繰り返すことで、表面的な原因ではなく、根本的な原因を見つけることができます。

さらに、「そもそも」という言葉をつけ加えることで、より深く掘り下げることができます。

「そもそも、なぜ、顧客は不満を感じたのか？」
「そもそも、なぜ、納期が遅れてしまったのか？」
「そもそも、なぜ、ミスが発生しやすい状況だったのか？」

インバスケット問題では、「なぜ？」「そもそも」を繰り返し使うことはできませんが、実際の職場では3回ほど繰り返すと、真の原因にたどり着くことが多いでしょう。

原因究明は、時間との戦いでもあります。

人の記憶は曖昧になり、物証も失われていきます。
時間が経てば経つほど、情報は複雑化し、原因究明は困難になります。

トラブルが発生したら、できるだけ早く原因究明を行いましょう。

そして、再発防止策を講じることで、二度と同じトラブルが起こらないようにしましょう。

現場で実践！

トラブルが起きたら「なぜ」を3回繰り返して調べてみる。

再発防止を図る（再発防止行動）

トラブルが発生したとき、優秀な管理職は何をすべきでしょうか？
それは、再発防止に取り組むことです。

再発防止とは、同じトラブルが二度と起こらないようにするための対策です。

原因究明によってトラブルの根本原因が明らかになったら、次は再発防止策を実行に移しましょう。

効果的な再発防止策を作るには、仕組み化が重要です。

よくある誤りは、人に依存した再発防止策です。

例えば、

「○○さんに注意するように指導する」

「○○さんを担当から外す」

といった例が挙げられます。

人に依存した再発防止策は、効果が限定的です。

なぜなら、人は異動したり、退職したりすることがあるからです。

また、担当者が注意している間は効果があっても、気が緩むと、また同じミスをしてしまう可能性があります。これでは再発防止策になっていません。

そこで、**効果的なのがチェックシートの活用です。**

チェックシートを使えば、誰でも、一定レベルの作業ができるようになります。属人的なミスを防ぎ、安定した品質を維持することができます。

さらに、**一歩進んだ対策としては、マニュアル作成が挙げられます。**

マニュアルを作成することで、業務の標準化を図り、属人的な要素を排除することができます。

また、マニュアルは、担当者が変わった場合でも、スムーズな引継ぎを可能にします。

インバスケット問題で、再発防止に対する積極的な姿勢を示すためには、

「今回のトラブルを教訓に、マニュアルを作成したい。まずは、たたき台を作ってください」

といった指示を出すと良いでしょう。

再発防止は、管理職として高い評価を得られるポイントです。チェックシートやマニュアルを活用し、組織全体で再発防止に取り組むようにしましょう。

現場で実践！

大事な本番に向けてチェックシートを作ってみよう。

一報の使い方

トラブルが起きたとき、上司への報告をためらう人は多いでしょう。

「まだ状況を把握しきれていないのに、報告していいのか……?」

「中途半端な情報で報告して、上司に迷惑をかけたくない……」

そんなふうに考えてしまうかもしれません。

しかし、トラブル発生時の報告で最も重要なのは、正確さよりもスピードなのです。

トラブルが起きたら、すぐに上司に報告しましょう。

このとき、**役立つのが「一報」です。**

一報とは、「今わかっていることを、とりあえず報告する」ことです。


例えば、出勤するはずの部下が連絡もなく定時になっても出社していないとしましょう。

まだ、原因はわかっていません。


しかし、「連絡もなしに欠勤している」という事実はわかっています。

この時点で、上司に一報を入れましょう。

「○○さんが本日出勤していません。まだ連絡は取れていませんが、状況がわかり次第、改めて報告します。」


多くの方がこの一報をためらいます。

「ひょっとしたら他の誰かが連絡を受けているのではないか」

「もう少したったら、笑いながら現れるのではないか」

このように仮説を立てて報告をその後に回してしまうのです。

ただ、**異常を知らせるのはスピードが大事です。**

状況がよくわからない中での報告では上司も「なぜ欠勤しているんだ？」とあなたに質問してくるかもしれません。

その場合は「詳細がわかり次第、改めて報告します」と伝えればいいのです。

上司は、詳細を知りたいのはもちろんですが、それ以上に、トラブル発生をいち早く知りたいと思っています。

なぜなら、事態が深刻化してから報告を受けるよりも、早い段階で対応することができるからです。

また、心の準備をすることができるので、冷静に状況判断をすることができます。

一報を入れることは、上司への配慮であり、信頼関係を築くうえでも重要です。

トラブルが発生したら、「正確さ」にこだわるあまり、報告をためらってはいけません。

「一報」を入れることで、上司と協力し、迅速なトラブル対応を目指しましょう。

現場で実践！

異常が起きたら空振りを恐れず上司に一報を入れる。

トラブルを教育の機会に活用する

さてトラブル解決はどうしてもネガティブに捉えがちですが、トラブルをポジティブにとらえて部下育成につなげるコツを紹介しましょう。

トラブルが発生すると、つい目の前の問題解決に集中してしまいがちです。

しかし、インバスケット問題では、トラブル処理能力だけが問われているのではありません。

むしろ、**トラブルを未然に防ぐ能力や、トラブルを成長の機会に変える能力が重要視されます。**

私自身、若い頃、ミスをして顧客に迷惑をかけてしまったことがあります。

そのときは、上司が代わりに謝罪に行ってくれ、事なきを得ました。

確かに、そのときは「助かった…」と思いました。

しかし、今振り返ると、自分で責任を取って謝罪に行っていれば、より深く反省し、対処法を学べ成長できたのではないかと思います。

もちろん、上司のサポートは重要です。

しかし、**部下を本当の意味で成長させるためには、「自分で解決させる」という姿勢も大切です。**

例えば、部下が顧客に迷惑をかけてしまったとします。その際、上司が同行して謝罪に行くのはよいでしょう。しかし、**謝罪の言葉を述べるのは、部下本人であるべきです。**

上司は、サポートに徹し、部下が自分で解決できるように見守ることが重要です。

部下が自分で責任を取り、問題解決に取り組むことで、当事者意識が芽生え、責任感が育ちます。

また、困難を乗り越える経験を通して、自信と経験を身につけることができます。

トラブルを成長の機会に変えるためには、以下の点に注意しましょう。

①部下を責めない：ミスをした部下を責めても、状況は悪化するだけです。まずは、冷静に状況を把握し、部下の話を聞くようにしましょう。

②解決策を一緒に考える：部下が一人で抱え込まないように、一緒に解決策を考えるようにしましょう。

③行動を促す：部下が自分で行動し、解決できるように、背中を押してあげましょう。

④振り返りを行う：トラブルが解決したら、部下と一緒に振り返りを行い、教訓を共有しましょう。

トラブルは、決して悪いことばかりではありません。

適切な対応を取ることで、部下を成長させる貴重な機会に変えることができます。

ぜひ、部下育成の視点を持って、トラブル対応に取り組んでみてください。

現場で実践！

トラブルが起きたとき、部下を主役にし自分はわき役に徹する。

STEP

5

人を使うコツ

リーダーはメンバーを使って結果を出す仕事。

とはいえ、相手は人間。管理職として上手に部下を使うコツを教えます。

ゴールは絵にかいて伝える

管理職になると、人に指示を出す機会が増えます。

しかし、人に仕事を頼むのは、簡単なようで難しいものです。

「言った通りにやってくれない…」

「何度もやり直しを頼まなければならない…」

そんな経験をしたことがある人もいるのではないでしょうか？

相手に正確に指示を伝え、思い通りの結果を出してもらうためには、「アウトプットのイメージを明確にする」ことが重要です。

相手に指示を出すとき、私たちはつい言葉で伝えがちです。

しかし、言葉だけでは、情報量が不足しているため、相手は自分の解釈で仕事を進めてしまいます。

その結果、「言った」「言わない」の水掛け論になったり、手戻りが発生したりすることがあります。

私が研修で講師として受講者にグループワークを依頼する際も、以前は口頭で指示を出していました。

しかし、それでは受講者の一部にはうまく伝わらず、異なった結果を出すグループや進め方に戸惑うグループが多く見られました。

これはいかに分かりやすく伝えたとしても、人の捉え方はさまざまなので誤解や齟齬が生じるのです。

そこで、私はアウトプットイメージをホワイトボードに書いたり、スライドで投影するようにしました。

すると、受講者はイメージを共有し、スムーズにグループワークを進めることができるようになりました。

言葉で伝えるだけでは、情報は一時的なものであり、受け手の解釈によって変化してしまいます。

しかし、アウトプットイメージを明確化することで、誤解を防ぎ、スムーズな情報伝達を実現することができます。

アウトプットイメージを明確にする方法はさまざまです。

・完成形のサンプルを見せる

・図解やイラストを使う
・指示内容を文書化する

など、状況に応じて工夫してみましょう。

インバスケット問題では、絵を描くのは難しいかもしれません。そんなときは、「○○のようなイメージです」のように、言葉で補足説明を加えるようにしましょう。

アウトプットイメージを明確にすることは、指示を出す側と受ける側、双方にとってメリットがあります。

指示を出す側は、思い通りの結果が得やすくなり、手戻りを減らすことができます。指示を受ける側は、迷うことなく仕事に集中することができ、モチベーション向上にもつながります。

ぜひ、アウトプットイメージを明確化することを習慣づけて、スムーズな情報伝達を実現しましょう。

特に、作業時間が長い場合は、指示の内容が変化しやすくなります。あらかじめフレームワークを用意しておいたり、完成形のイメージを絵で書いておくなどの工夫をするとよいでしょう。

管理職になると、目標達成や経費管理など、さまざまなことを現場とすり合わせていく必要があります。

しかし、時間の経過とともに、数字が変わってしまったり、言葉の解釈が変化してしまったりすることがあります。

約束や合意したことは、文書化するなどして、明確に残しておくようにしましょう。

現場で実践！

白紙（付箋の大きいものでも可）に求める結果のイメージをイラストで描いて相手に渡してみよう。

1ストライク2ボール法を使う

部下に指摘をする際、「どのように伝えればいいのか」悩んだことはありませんか？

ズバッと指摘すると部下は落ち込んだり、反論することもあります。

一方で曖昧な指摘は、誤解を招き、逆効果になることもあります。

「ここを直してください」

「もっと、きちんとやってください」

このような抽象的な指摘では、部下は何を改善すべきなのか理解できません。


ダメ出しもダメ、やんわりとした伝え方もダメ、ではどうしたらいいのでしょうか？

結論から申し上げると「○○の部分は、××のように修正してください」と端的に明確に伝えるようにしましょう。

しかし、具体的な指摘であっても、伝え方を誤ると、部下のモチベーションを下げてしまう可能性があります。

そこで、**私がおすすめするのは、「1ストライク2ボール法」です。**

これは、1つ良い点を指摘し、2つ改善点を伝える方法です。

私たちインバスケット講師が、フィードバックでよく使う手法です。

この方法のメリットは、「ダメ出し」だけではなく、「良い点」も伝えることによって、部下に「全否定」されたという印象を与えないことです。

「○○さんは、いつも積極的に行動していて、素晴らしいですね。ただ、××の点は、少し注意が必要かもしれません。具体的には、△△の部分です」

このように、良い点と改善点を組み合わせることで、部下は前向きに指摘を受け止め、成長につなげることができます。

状況によっては、**「2ストライク1ボール法」を使うのも良いでしょう。**

これは、2つ良い点を指摘し、1つ改善点を伝える方法です。

「○○さんは、××の仕事も、△△の仕事も、きちんとこなしていて、本当に頼りになります。ただ、□□の点は、もう少し工夫してみましょう」

この方法を使うことで、部下は自信とモチベーションを維持しながら、改善に取り組むことができるでしょう。

指摘は、「内容」も重要ですが、「伝え方」も同様に重要です。

「1ストライク2ボール法」や「2ストライク1ボール法」を使うことで、部下の成長を促進する効果的な指摘を行うことができます。

現場で実践！

部下を叱る前に褒める点を考えてみよう。

パワハラにならない叱り方

最近、研修などでよく質問されるのが、「パワハラにならない叱り方」です。

もちろん、私はハラスメントの専門家ではありませんので、詳しいことは専門書に譲りますが、**「パワハラを恐れて叱れない」というのは、大きな間違いです。**

叱ることは、部下を指導し、成長を促すための重要なコミュニケーションの一つです。

ただ**叱り方に以前より気を遣わなくてはならないというのは事実です。**

大事なのは正しく叱ることで、部下がミスを反省し、次に活かすことができるようになることです。

効果的な叱り方のコツは、以下の3点です。

①行動を叱る

感情的になって、人格を否定するような叱り方は逆効果です。

「あなたは、いつもミスばかりして……!」

「こんなこともできないんですか!」

このような叱り方は、部下のモチベーションを低下させるだけでなく、パワハラと誤解される可能性もあります。

叱るときは、「行動」に焦点を当てるようにしましょう。

「この書類の提出期限を守らなかった理由を聞かせてほしい。納期が遅れると、顧客に迷惑がかかるので重大なミスだ」

このように、具体的な行動を指摘することで、部下は問題点を理解し、改善しようという気持ちになります。

②すぐに叱る

叱るタイミングも重要です。

「後で叱ろう」と先延ばしにすると、部下は緊張感を失い、反省が浅くなってしまいます。

また、**時間が経つと、記憶も曖昧になり、「言った」「言わない」のトラブルに発展する可能性もあります。**

さらに部下は時間が経つとミスを他責にし、正当化しようとすることもあります。

トラブルが発生したら、できるだけ早く、その場で叱るようにしましょう。

③部下の言い分を聞く

叱る前に、部下の言い分を聞くことも大切です。

一方的に叱ってしまうと、部下は反発し、心を閉ざしてしまうかもしれません。

部下の言い分を聞くことによって、誤解を解き、冷静に状況判断をすることができます。

また、部下との信頼関係を維持することにもつながります。

「なぜ、この資料を期限までに提出できなかったのですか？何か、困ったことがあったのですか？」

このように、部下に質問することで、状況を理解し、適切な指導を行うことができます。

部下を叱ることは、勇気がいることです。

しかし、叱るという行為は、部下の成長を促すための大切な行為であり、上司の責任でもあります。

パワハラにならないよう、適切な叱り方を実践しましょう。

現場で実践！

叱る前にしっかりと部下の言い分を聞く。

入り込む一線を決める

管理職になると、部下から相談を受ける機会が増えます。

仕事に関する相談はもちろん、人間関係や家庭の悩みなど、その内容は多岐にわたります。

中には、介護、夫婦関係、経済状況など、デリケートな相談を受けることもあるでしょう。

インバスケット問題でも、部下からの相談は頻出テーマです。

多くの管理職は、「どこまで介入すべきか」「公私混同を避けるべきではないか」と悩みます。

そこで重要になるのが、線引きです。

どこで線引きをするかは、あなたの価値観や置かれている状況によって異なります。

業務への影響で線引きする
目標達成への貢献度で線引きする
部下の働きやすさを優先する
など、さまざまな基準が考えられます。

私自身は、業務遂行に支障をきたす可能性がある場合は、積極的にサポートするようにしています。

例えば、部下が親の介護で勤務時間を調整しなければならなくなった場合は、柔軟に対応します。

これは、部下の退職を防ぎ、組織の戦力を維持するための判断です。

もちろん、「他に何かできることはないか」「困っているなら、手伝ってあげたい」という気持ちはあります。

しかし、公私の区別を明確にしなければ、管理職は心身ともに疲弊してしまいます。情に流されてしまうと、適切な判断ができなくなる可能性もあります。

私がダイエーの売り場でマネジャーをしていたときのことです。

アルバイトで優秀な男の子がいました。

しかし、彼は持病がありさらには当時付き合っていた女の子との間に子どもができたと相談されました。

彼は大学を辞めて働こうと考えていましたが、持病があるので正社員での就職は難しいことは明らかでした。

私は本社に掛け合って、なんとか彼を正社員にできないか交渉しました。

そこで「私がサポートするから彼を私の部下にしてほしい」ともお願いしました。

そのときに本社の人間からこう言われたのです。
「鳥原さんが彼の一生を面倒見るならよいが、それはできないだろう」
確かにそうです。
自分が情に流され、彼のためを思いやったことも、一生サポートはできないわけです。
このとき自分にできるのは何なのか？を真剣に考えました。

部下から相談を受けたときは、「それは誰の問題なのか？」を冷静に見極めることが重要です。

そして、線引きを明確にすることで、公私混同を防ぎ、組織と部下、双方にとって最善の対応を目指しましょう。

現場で実践！

その問題は誰が解決するべき問題なのかを考えよう。

期限を区切って報告をさせる

報連相は、組織にとって非常に重要な行動です。

多くのトラブルは、報連相の不足や漏れによって発生しています。

だからこそ、上司として、部下から確実に報連相を受けたいものです。

しかし、部下によっては、報告のタイミングが遅かったり、必要な情報が不足していたりすることがあります。

部下の資質の問題だと、その都度、こちらから報告を催促しなければなりません。

しかし、管理職は、それほど暇ではありません。

さらに、報告の催促ばかりしていると、部下は、「上司に言われたことだけを報告すればいい」と考えるようになり、自主性が育ちません。

そこで、今回は、確実に報連相を受けるためのコツとして、「明確なスケジューリング」

を伝授します。

明確なスケジューリングとは、「いつまでに、何をするのか」を明確に決めることです。

例えば、

「こまめに報告をお願いします」

「完了したら、報告してください」

「できるだけ早く報告してください」


このような指示では、部下によって解釈が異なり、「いつまでに」報告すればいいのか曖昧になってしまいます。

「早い」とは、1時間後と感じる人もいれば、本日中と感じる人もいるでしょう。

中には、1週間以内と思う人さえいるかもしれません。

そこで、**確実に指示を実行させ、報告を受けるためには、**

「〇月〇日の12時までに報告してください」

のように、明確な日時を伝える必要があるのです。

これは、実際の仕事でも有効です。

商談の終わりに、

「なるべく早く結論を出してください」

と言うよりも、

「今月中に結論を出してください」

と言う方が、お互いに話が進めやすくなります。

デキる営業の方は、この期日の明確化が上手です。

「いつまでにお返事をいただけますでしょうか?」

このように、締めくくることで、相手に期日を意識させ、行動を促すのです。
つまり、期日を明確にすることは、計画力の基本です。

部下に指示を出す際は、「いつまでに、何をするのか」を明確に伝え、計画的な行動を促すようにしましょう。

現場で実践！

部下に指示を出す際に「いつまでにできそうかな」と聞いてみる。

考えさせる領域を2割は残す

部下に指示を出すとき、あなたはどんな点に注意していますか？

「抜け漏れがないように、細かく指示している」

「指示通りに動けるように、具体的に指示している」


そう答える人もいるでしょう。

もちろん、重要で緊急性の高い仕事であれば、詳細な指示を出すことも必要です。

しかし、常に完璧な指示を出していると、部下は指示待ちになるばかりで、自分で考える力が育ちません。


インバスケットの回答を分析していると、そもそも判断力が低い人は少なくありません。

判断が苦手な彼らにヒアリングをしてみると、判断力がないのではなく、判断する機会が少ないだけなのです。

上司がすべてを決めてしまうと、部下は考えることなく、指示通り動くだけになってしまいます。


「部下には、もっと自分で考えてほしい」

そう願う上司は多いでしょう。

しかし、**上司の指示の出し方が、部下の思考力を奪ってしまっているケースがあるのです。**

では、どうすれば、「考える部下」を育てることができるのでしょうか？

それは、**「完全な指示」を与えないことです。**

「この企画の資料作成をお願いしたい。ただし、まだ改善の余地があるので、○○さんのアイデアで、より良い資料に仕上げてください」

このように、大枠は指示しつつも、部下が考える部分を残すようにしましょう。

「ハーフアンサー」という手法もあります。

これは、部下から質問や相談を受けた際に、半分しか答えを教えないという方法です。

すべてを答えるほうが自分自身はすっきりします。部下も喜ぶかもしれません。しかし、**部下に考えるきっかけを与えることの方が重要だと考えるのです。**

先日当社ではインバスケット展示会というイベントを行いました。過去最大の展示会となるので私が主導して企画を立てました。

詳細まで自分で決めることも可能でしたが、それでは社員は受け身になり、モチベーションは上がりません。

そこで、各イベントやブースには大まかな方向性を出して、あとは各担当に考えてもらいました。

もちろん自分の思い通りに完璧にはなりません。

ただ社員が積極的にアイデアを出し、創意工夫を凝らしたブースを作り上げてくれました。

「すべてを指示する」のではなく、「考える余地」を残すことは、部下の成長を促進する

ために有効な手段です。

「考える部下」を育てることで、組織全体の活性化にもつながるでしょう。

現場で実践！

指示を謎解きに変えてみよう。「これがヒントだ、あとは考えてね」というふうに。

任せるコツ①：方向性を示せ

インバスケット問題で高得点を出すには、「人に仕事を任せる」ことが重要です。しかし、多くの人が「任せる」と「丸投げ」を混同しています。

丸投げとは、指示を出しっぱなしにして、あとは放置することです。これでは、部下は迷ってしまい、良い結果にはつながりません。

部下のモチベーションも低下し、組織全体のパフォーマンスも下がってしまいます。

では、「任せる」とは、どういうことでしょうか？

任せるというのは、部下に責任と権限を与え、自律的に仕事を進めてもらうことです。

そのためには、上司が方向性を示すことが重要です。

方向性とは、「どのような成果を出してほしいのか」「どのような手順で進めてほしいのか」という道筋のことです。

例えば、「この仕事を君に任せるよ！」とだけ言われても、部下は戸惑うばかりです。

「どこまでやればいいのか？」

「予算はどれくらい使っていいのか？」

「誰に相談すればいいのか？」

などわからないことだらけです。

そこで、上司は、部下に明確な指示を出す必要があります。

「この仕事は、君に任せる。目標は、来月までに新規顧客を5社獲得することだ。アプローチ方法やスケジュールは、君に任せるが、困ったことがあれば、いつでも相談するように」

このように、ゴールと大まかな道筋を示すことで、部下は迷うことなく仕事に集中することができます。

これは、まるで、タクシーに乗るときに行き先を伝えるようなものです。行き先さえ伝えれば、運転手は最適なルートで目的地まで連れて行ってくれます。

「任せる」とは、「行き先」を明確に伝えることです。

そして、「ルート」は運転手に任せるのです。

上司は、部下に「行き先」と「大まかなルート」を示し、後は信頼して任せることが重要です。

部下を信頼し、任せることによって、部下は成長し、組織全体のパフォーマンスも向上するでしょう。

現場で実践！

ゴールとコンセプトを意識してみる。
ゴールとはイメージする結果、
コンセプトはそのための方法である。

任せるコツ②：報告を受ける

さて方向性を出すというポイントをお伝えしましたが、次に丸投げになってしまう行動を紹介しましょう。「報告を受ける」です。

先ほどもお話ししたように「任せる」とは言っても、「丸投げ」ではいけません。

あなたは、上司から指示を受けたものの、その後、何も報告を求められなかった経験はありませんか？

上司から忘れられているような気がして、寂しい気持ちになったことがあるかもしれません。

指示を出した上司が、報告を求めないのは、うっかり失念しているのかもしれません。

あるいは、「きっと、うまくやってくれるだろう」という期待から、あえて報告を求めない場合もあるでしょう。

しかし、報告を受けないまま放置していると、それを部下は「丸投げ」と捉えてしまいます。さらには「報告を受けなくてもよいどうでもよい仕事を振られた」と考えるかもしれません。

このように部下は、不安や孤独を感じ、モチベーションを維持するのが難しくなります。「任せる」とは、「信頼」することですが、「信頼」するからこそ、「報告」を受ける必要があるのです。

では任せた場合の報告を受けるコツを伝えます。

報告には、2種類あります。

1つ目は、経過報告です。

これは、目標達成に向けて、途中段階で報告を受けることです。

「現在、○○%まで完了しています。△△という問題が発生していますが、××という対策で対応する予定です」

といった具合です。

経過報告を受けることで、部下が間違った方向に進んでいないか確認し、軌道修正を行うことができます。

2つ目は、結果報告です。

これは、仕事が完了した時点で報告を受けることを指します。

結果が良かろうと悪かろうと、必ず報告を受けましょう。

良い結果であれば、部下を称賛し、自信を持たせることができます。悪い結果であれば、原因を分析し、次に活かすための指導を行うことができます。

部下に多くのことを任せる場合は、「任せたこと」と「報告を受ける期日」をリスト化しておくと良いでしょう。

私自身は、自分宛てにリマインダーメールを送っています。

「任せる」とは、「信頼」することですが、「放置」することではありません。

適切な報告を受けることで、部下の成長を支援し、組織全体のパフォーマンス向上につなげましょう。

現場で実践！

お願いしたことを自分のタスク管理と別に「依頼したタスク」を作ろう。

任せるコツ③：サポート編

「人に仕事を任せる」というのは管理職になるまでは楽な仕事だな、と思っていました。しかし実際に任せる立場になると、なんとストレスの溜まる仕事なのかと痛感しました。部下に仕事を任せない上司の言い訳で最も多いのが「自分がやった方が早いし正確だから」ですが、まさにその通りです。

しかし、それでも管理職は部下に仕事を任せ、成長の種にしなければなりません。

今回は、「任せる技術」の3つ目のコツとして、「サポート」について解説します。

「サポート？　部下が困っていたら、助けてあげるのが当たり前じゃないか？」

そう思った人もいるかもしれません。

しかし、**私が今回お伝えしたいのは、「できるだけ助けないサポート」です。**

少し矛盾しているように聞こえるかもしれませんが、実は、これが部下を成長させるための重要なポイントなのです。

なぜなら、**部下が困難を乗り越え、自分で課題を解決する経験こそ、成長を促進するからです。**

上司がすぐに助け舟を出してしまうと、部下は自分で考えることを放棄し、上司に依存するようになってしまいます。

では、どのようなサポートをすれば良いのでしょうか?

まず、任せた仕事が当初の想定よりも大きくなってしまった場合は、サポートが必要です。

例えば、小さなプロジェクトが、予想以上に規模が大きくなってしまった場合などです。この場合は再度任せ直す、追加の資源(人材、予算、時間など)を提供するなどのサポートを検討しましょう。

また、想定外のトラブルや障害が発生した場合も、サポートが必要です。

ただし、ここで重要なのは、「直接的な支援」は避けるべきだということです。代わりにやってあげるのではなく、間接的な支援に徹しましょう。

間接的な支援とは、例えば、

助言やアドバイスを与える

必要な情報や資料を提供する

関係部署との橋渡しをする

予算や人員の追加を検討する

といったことです。

部下が自分で解決できるように、ヒントを与えたり、環境を整えたりすることが重要です。

「助けてあげたい」という気持ちをグッとこらえ、部下の成長を信じて見守ることも、上司の重要な役割です。

「任せる」と「部下を成長させる」

この2つを両立させることが、「任せる技術」の真髄と言えるでしょう。

現場で実践！

助けたいと思ったら、「それが本当に部下のためになるのか？」と自問自答しよう。

責任は取ると言えば相手は動く

「任せる」とは、部下に責任と権限を与え、自律的に仕事を進めてもらうことです。

そのためには、上司が方向性を示し、適切なサポートを行う必要があります。

今回は、「任せる技術」の最終回のコツとして、「責任の所在を明確にする」ことについて解説します。

「任せる」と「責任を押しつける」

この2つは、似ているようでまったく違います。

「この仕事、君に任せたからね！」

このように、部下に仕事を任せることは簡単です。

しかし、もしその仕事がうまくいかなかった場合、あなたはどのように対応するでしょうか？

「私は、あなたに任せたはずです。責任を持ってやってください」

このように、部下に責任を押しつけてしまう上司は少なくありません。

しかし、これは「任せる」とは言いません。

「責任逃れ」です。

責任逃れをする上司は、部下からの信頼を失い、組織全体の士気を低下させてしまいます。

では、どのように責任を取れば良いのでしょうか？

「責任は、すべて私が取ります」

このように、**上司が責任を取る覚悟を示すことが重要です。**

インバスケット問題では、上司が責任を取る行動は、高い評価につながります。

なぜなら、それは、上司が当事者意識を持って仕事に取り組んでいることを示しているからです。

また、部下に対して、

「もし失敗しても、責任は私が取る。だから、安心してチャレンジしてください」

と伝えることで、部下は安心して仕事に取り組むことができます。

そして、失敗を恐れずに挑戦することで、部下は大きく成長することができます。

「責任を取る」ということは、決して簡単なことではありません。

ただ、何かを任せた瞬間からあなたには結果責任が発生しています。

それを口に出しても出さなくても責任があるのであれば、与えられた責任をうまく活用してみてはどうでしょう。

ちなみに私自身は正当な仕事をしている限り、たとえ失敗しても責任を取って多額の賠償を自分で償ったり、会社をクビになった人は見たことがありません。

だから勇気を出して「責任は取る」と言って部下を安心させてあげてください。

上司が責任を取る覚悟を示すことによって、部下は安心して仕事に取り組むことができ、組織全体のパフォーマンス向上につながるのです。

現場で実践！

部下を安心させる言葉を使おう。「大丈夫だ」「サポートするよ」。

肩書を与える

部下を動かすために必要なものとは何でしょうか？

「金銭的な報酬」？「仕事のやりがい」？

もちろん、それらも重要な要素です。しかし、今回は、「肩書」という意外な方法を紹介します。人は、肩書を与えられることで、責任感やモチベーションが向上すると言われています。

例えば、あるイベントを開催することになったとします。

このとき、複数のメンバーに仕事を分担するのも良いですが、「リーダー」を選出し、肩書を与えることで、より効果的に仕事を進めることができます。

リーダーは、責任感を持ってプロジェクトを推進し、メンバーをまとめ、目標達成に導く役割を担います。肩書を与えられることで、リーダーは自覚と責任感を持ち、周囲からも期待され、リーダーシップを発揮しやすくなります。

これは、組織形成という点でも有効です。リーダーを中心に、チームが一体感を持って目標に向かうことができるからです。

先日、北関東の和食レストランに行ったときのことです。レジの後ろに、スタッフの名前と肩書が掲示されていました。

「笑顔リーダー○○さん」「接客リーダー△△さん」といった具合です。

おそらく、「笑顔で接客しましょう」と指導されるよりも、「笑顔リーダー」に任命された方が、効果は高いでしょう。
人は、肩書によって行動が変わることがあるのです。

インバスケット問題でも、「リーダー」を選任し、肩書を与えるという行動は、高い評価につながります。「組織全体で目標達成を目指す」という姿勢をアピールすることができるからです。
ぜひ、「肩書」の力を活用して、部下を動かし、組織を活性化させてください。

現場で実践！

職場での問題解決のために、今までなかった役割を作ってみる。「清掃リーダー」「メンテナンスリーダー」など。

STEP

6

意思決定のコツ

管理職は判断職と言われます。
それだけ難しい判断が迫られるからです。
このステップでは難しい判断をするコツをお伝えします。

判断の順番は大きいものから小さいもの

インバスケット問題では、大小さまざまな判断を迫られます。

オフィスの備品発注のような、些細なものから、部署全体の戦略に関わる重要なものまで、多岐にわたります。

時間に余裕があれば、すべての判断を完璧に行いたいところですが、実際にはそうはいきません。

小さな判断に時間をかけすぎると、大きな判断をする時間がなくなってしまい、結果的に、組織全体の目標達成を阻害してしまう可能性があります。

判断は、ストレスのかかるものです。

そのため、すぐにできる小さな判断から片づけたくなる気持ちはよくわかります。

しかし、リーダーに求められるのは、小さな判断よりも大きな判断です。

なぜなら、組織の方向性や業績は、リーダーの大きな判断によって大きく左右されるからです。

インバスケット問題の回答を見ていると、細かな判断は完璧なのに、大きな判断は先送りされているケースがよくあります。

あるいは、時間が足りなくなって、十分な検討ができないまま、判断を下してしまうケースもあります。

このような事態を防ぐためには、判断にも優先順位をつけ、大きな判断から行うことが重要です。

例えば、部署の方向性や戦略といった、中長期的な視点で判断すべきことを、最初に決めてしまいましょう。

そうすることで、後の小さな判断も、大きな方向性に沿って行うことができるので、矛盾や迷いが生じにくくなります。

これは、家を建てるときに、まず基礎工事を行うようなものです。

基礎がしっかりしていれば、家は安定し、長く住み続けることができます。

逆に、基礎工事をおろそかにしてしまうと、家は傾き、倒壊してしまうかもしれません。

インバスケット問題では、大きな方向性を決める意思決定能力も評価の対象となります。

最初に大きな方向性を決めることで、後の判断がスムーズになり、高得点につながるだけでなく、一貫性のある行動計画を立てることができます。

ぜひ、大局を見据え、重要な判断から取り組むように心がけましょう。

現場で実践！

すぐにできる判断は後に回し、難しい判断に取り組もう。

費用対効果で賢く判断！

マネジメント職として、的確な判断を下すことは、組織の成功に欠かせません。

さまざまな判断基準がある中で、今回は「費用対効果」という視点でお話しします。

費用対効果とは、かけた費用に対して、どれだけの効果が得られるのかを測る指標です。

例えば、部下から新しい装置の購入申請があったとします。

このとき、承認するかどうかを判断する際に、費用対効果を意識することが重要です。


「その装置は、いくらなのか？」

「導入することで、どのような効果が期待できるのか？」

「効果を金額で表すと、どれくらいになるのか？」


といったことを、具体的に検討します。


もちろん、すべての効果を金額で表すことは難しいかもしれません。

しかし、可能な限り定量化することで、より客観的な判断ができます。

例えば、「作業が楽になる」という効果であれば、「作業時間がどれくらい削減できるのか？」「人件費に換算すると、どれくらいのコスト削減になるのか？」といったように、具体的な数字で表すようにしましょう。

費用対効果を考える際に、注意しなければならないことがあります。

それは、「埋没コスト」です。

埋没コストとは、過去に投資した費用のことです。

例えば、新しいシステムを導入したものの、うまく機能せず、多額の費用を無駄にしてしまったとします。

このとき、「せっかく多額の費用をかけたから…」と、使い続けるのは得策ではありません。

過去の投資は、あくまで過去のものであり、未来の判断には影響しません。

埋没コストにとらわれず、将来を見据えて判断することが重要です。

「費用対効果」は、投資判断を行う上で、非常に重要な指標です。

限られた資源を有効活用し、最大の効果を得るために、費用対効果を意識した判断を心がけましょう。

現場で実践！

会議や打ち合わせをする際に、どのくらいのコストがかかっているのかを計算してみる。

選択肢は4つに決める

良い判断をしたいと願う人は多いでしょう。

では、良い判断とは、どのようにすればできるのでしょうか？

それは、ずばり、選択肢の数で決まります。逆に、判断ができない人や、判断ミスが多い人は、そもそも選択肢が少ない傾向があります。

例えば、あなたが通販サイトで、ある商品を「買おうかどうしようか」迷っているとします。このときの選択肢は、「買う」か「買わない」かの2つだけです。

これでは、判断に迷ってしまうのも無理はありません。

そこで、「他に選択肢はないか？」と考えてみましょう。

「1日待ってから決める」

「他のサイトで価格を比較してから決める」

「似たような商品を探してみる」

「ポイントが貯まるまで待つ」

このように、選択肢を増やすことで、より良い判断をしやすくなります。

インバスケット問題でも、「A案とB案、どちらが良いですか？」のように、2択で迫られるケースがあります。

しかし、そこで立ち止まって、「他に選択肢はないか？」と考えてみましょう。

「C案」を作ることはできないか?

「A案とB案を組み合わせる」ことはできないか?

「そもそも、この問題は解決する必要があるのか?」


このように、視点を変えることで、新たな選択肢が生まれてきます。

選択肢を増やす際は、「多ければ多いほど良い」というわけではありません。

選択肢が多すぎると、かえって判断が難しくなってしまうことがあります。

これは、「ジャム理論」として知られています。

3種類のジャムを並べた方が、24種類のジャムを並べるよりも、売れるという実験結果があります。選択肢は、4~5個程度に絞り込むのが良いでしょう。

もし、どうしても選択肢が浮かばない場合は、他者に相談するのも有効な手段です。

自分一人で考えていると、どうしても視野が狭くなり、偏った選択肢しか出てこないことがあります。

「あなただったら、どうしますか?」と、同僚や上司に意見を求めることで、新たな視点を得ることができます。選択肢を増やすことは、判断力を磨くための第一歩です。ぜひ、さまざまな角度から問題を見つめ、最適な選択肢を見つけるように心がけましょう。

現場で実践!

いつもあなたがとる判断と逆の選択肢を作って比較してみる。

判断の箱7つを頭に浮かべる

インバスケット問題で評価されるには、迅速かつ的確な判断力が必要不可欠です。

前回は、選択肢を増やすことによって、判断の精度を高める方法を紹介しました。

今回は、さらに一歩進んで、「判断の種類」について解説します。

あなたは、「判断」と聞いて、どのようなものを思い浮かべますか?

おそらく、多くの人が「YES」か「NO」か、「やる」か「やらない」かといった、2択をイメージするのではないでしょうか。

しかし、実際には、判断にはもっと多くの種類があります。


例えば、友人が、あなたに「ある人を紹介したい」と言ってきたとします。

このとき、あなたは「会う」か「会わない」かの2択で考えるかもしれません。

しかし、他にも、「少し考える」「情報を集めてから判断する」といった「保留」という判断もあります。

あるいは、「今は忙しいので、来週返事をする」のように、「延期」という判断もあります。

さらに、「30分だけなら会っても良い」といった「条件付き」での判断や、「友人に任せる」という「一任」という判断もあります。

そして、ときには、「判断しない」という「無視」という判断も必要です。


このように、判断にはさまざまな種類があります。私は、判断を迫られたとき、これらの7つの判断を頭の中に浮かべ、どの型に当てはまるのか検討するようにしています。
そうすることで、より迅速かつ的確な判断を下せるようになるのです。

インバスケット問題では、状況に応じて、適切な判断を選択することが求められます。例えば、緊急度の高い問題であれば、「保留」や「延期」ではなく、「YES」か「NO」かを即断しなければなりません。

逆に、情報が不足している場合は、「保留」や「延期」を選択し、情報収集を行う方が賢明です。また、権限を委譲できる場合は、「一任」することも有効な手段です。

7つの判断を意識することで、状況に応じた柔軟な対応ができるようになり、インバスケット問題で高得点を獲得することができるでしょう。

現場で実践！

判断に迫られたときは7つの判断の箱を手帳に書いて、どの箱に入れれば一番良いか考えてみよう。

8 割正しいと思ったら決める

インバスケット問題で高得点を獲得するには、迅速かつ的確な判断力が必要不可欠です。しかし、完璧主義に陥ってしまうと、かえって判断を誤る可能性があります。

なぜなら、インバスケット問題には、制限時間があるからです。

情報収集や分析に時間をかけすぎると、肝心な判断を下す時間がなくなってしまいます。もちろん、拙速な判断も危険です。限られた時間の中でも、可能な限りの情報収集と分析を行い、状況を正確に把握する必要があります。

では、どのようにバランスを取れば良いのでしょうか？

それは、「おおよその方向性」が見えたら、それで判断することです。

「もっと情報がほしい」「もっと時間があれば、より良い判断ができるのに…」そう思ってしまうかもしれません。

しかし、完璧な情報や時間は、永遠に手に入りません。ある程度の情報で判断を下すことも、管理職には必要なスキルなのです。

完璧主義を捨て、「6~8割」の確信が持てたら、思い切って判断しましょう。「念のため」「念には念を」そう思って躊躇していると、機会を逃してしまうかもしれません。

ビジネスの世界では、スピードが命です。完璧を求めるあまり、判断が遅れてしまっては、意味がありません。「完璧」を求めるのではなく、「最善」を目指すようにしましょう。

そして、「最善」の判断を下すためには、「おおよその方向性」を見極める力が必要です。経験と知識を総動員し、状況を的確に判断し、迅速に行動に移すようにしましょう。

私は何かを急いで判断しなければならないときに、部下に情報を求めます。

「それはいくらくらいの投資が必要なのか?」

こう言うと部下は慌ててパソコンで計算しだします。

ですが私は正確な数字を求めません。

大枠で分かれば判断できるからです。

「正確な数字はいらないよ、最悪桁だけわかればいい」

このように伝えます。

つまり百万単位でかかるのか、数十万単位なのかで判断はおおよそできるものです。

完璧主義を克服し、迅速かつ的確な判断力を身につけることで、あなたは真のリーダーとして成長することができるでしょう。


現場で実践!

正確な数字を求めず「概算」で判断する癖をつける。

来週の結果より来年の結果を重視する

リーダーとして、的確な判断を下すことは、組織の未来を左右する重要な役割です。

しかし、目の前の問題にばかり気を取られて、長期的な視点を見失ってしまうことはありませんか？


今回は、インバスケット問題でも、そして実際のビジネスシーンでも役立つ、未来を見据えた判断について解説します。


リーダーの判断基準は、目先の利益ではなく、長期的な視点であるべきです。

例えば、非常に優秀な人材を採用できるチャンスがあるとします。

しかし、現状では人件費が逼迫しており、採用すると予算オーバーになってしまうとします。

このような場合、目先の利益だけを考えれば、採用を見送るのが妥当な判断かもしれません。しかし、長期的な視点で考えると、どうでしょうか？

優秀な人材は、将来的に、組織に大きな利益をもたらす可能性を秘めています。目先の損失を恐れ、採用を見送ってしまうと、将来的な成長の機会を逃してしまうかもしれません。

もちろん、目先の損失を無視して良いわけではありません。人件費がオーバーする場合は、他の経費を削減したり、人事部門や上長に予算の増額を交渉したりするなど、あらゆる手段を検討する必要があります。

それでも、どうしても予算が足りない場合、リーダーとしての決断が求められます。「目先の損失」と「将来の利益」どちらを優先すべきかを、冷静に判断しなければなりません。リーダーには、将来を見据える目が必要です。

現場では、1ヶ月、3ヶ月といった短期的な目標に追われがちです。しかし、リーダーは、

1年後、3年後、そして、さらにその先の未来を見据え、組織を導いていかなければなりません。そのためには、「今、どのような判断をすべきか」を常に考えなければなりません。

インバスケット問題では、**長期的な視点を持つことが、高得点につながるだけでなく、将来を見据えた戦略を立てる能力を養うことにもつながります。**ぜひ、目先の利益にとらわれず、長期的な視点で判断することを心がけましょう。

現場で実践！

今やっている仕事が農業で例えると「収穫」なのか、「種まき」なのかを意識しよう。

必要と願望を分ける

リーダーになると、さまざまな判断を迫られます。新しい企画の提案、予算の承認、人員の配置…どれも、組織の未来を左右する重要な決断です。

しかし、限られた時間の中ですべての案件を承認することはできません。そこで必要になるのが、「捨てる勇気」です。

多くのリーダーは、「あれもこれも」と、すべてを抱え込もうとしてしまいます。しかし、それは、「何もできていない」のと同様です。優先順位をつけ、時には取捨選択する決断力が必要です。

では、どのように「捨てる」かを決めれば良いのでしょうか？ 私がいつも使っている必殺技を伝授しましょう。

それは、**「必要なのか？ それとも、あれば良いものなのか？」と、自問自答することです。**

「必要」なものとは、組織の存続や目標達成に不可欠なものです。「あれば良い」ものとは、なくても業務に支障はないものの、あれば便利だったり、快適だったりするものです。

「必要」なものは、必ず残し、「あれば良い」ものから削っていくようにしましょう。

これは、登山で荷造りをするときに似ています。水や食料、雨具など、必要最低限のものは持って行かなければなりません。しかし、荷物が多すぎると、身動きが取れなくなり、遭難してしまうかもしれません。そこで、「本当に必要なのか？」を見極め、必要最低限の荷物だけを持って行くのです。

「捨てる」ということは、勇気がいることです。しかし、**「捨てる」ことによって、本当に必要なものが明確になり、集中することができます。**「あれもこれも」と手を広げるのではなく、「選択と集中」を意識し、組織の資源を有効活用しましょう。

「捨てる勇気」を持つことで、あなたはより良いリーダーとして成長することができるでしょう。

現場で実践！

いつもやっている仕事を「必要」と「願望」で分けてみよう。

念のために2人に相談する

リーダーたる者、自分の判断に自信を持つことは重要です。

しかし、自信過剰は禁物です。

どんなに優れたリーダーでも、完璧な判断を常に下せるわけではありません。

間違わない判断のコツは「念のために他人に確認をする」です。

これは判断に保険を掛けるようなものです。

自分の判断に絶対の自信を持つのではなく、「もしかしたら、間違っているかもしれない」という謙虚さを持ちましょう。

そして、第三者の意見を参考にすることで、判断の精度を高めることができます。

ただし、重要なのは、鵜呑みにしないことです。

あくまで参考として、最終的な判断は自分自身で下すようにしましょう。

私自身も、仕事で判断を迫られる場面は多くあります。

もちろん、自分の経験と知識を基に、自信を持って判断します。

「この事業はこの方向性で本当に良いのだろうか」と自分の判断に問いかけをし熟慮するわけです。

しかし、それだけでは不安なので、必ず複数の人に意見を聞くようにしています。

これは、「自分の判断が正しいかどうか」を確認するためです。


一人の意見だけでは、偏りがある可能性があります。複数の人に意見を聞くことで、多角的な視点を得ることができ、より的確な判断につながります。

自分の判断を他者に問うのは、勇気がいることかもしれません。しかし、それは、新商品を開発する際に、モニター調査を実施するのと同様です。客観的な意見を聞くことによって、改善点を見つけ、より良い商品を作ることができるのです。

リーダーは孤独な存在です。最終的な判断は、自分自身で下さなければなりません。しかし、だからこそ、周囲の意見に耳を傾け、謙虚に学ぶ姿勢が重要になります。自信過剰に陥らず、第三者の意見を参考にすることで、より的確な判断を下せるようになるでしょう。

現場で実践！

「意見を聞かせてほしい」と信頼できる人に意見を聞いてみよう。

STEP

7 伝えるコツ

管理職だけではなくビジネスパーソンにとって、伝えることは非常に重要な技術。
これは判断に保険を掛けるようなものです。

数字を必ず入れて伝える

リーダーにとって、伝えるという行為は、まさに生命線です。

どんなに素晴らしいアイデアや戦略も、相手に伝わらないことには、絵に描いた餅に過ぎません。

実際、伝達ミスが原因で、企業が大きな損害を被ったケースは少なくありません。

例えば、2005年に発生したJR西日本の福知山線脱線事故では、運転士への指示が曖昧だったことが、事故の一因とされています。

速度超過を防ぐための指示が、運転士に正しく伝わっていなかったことが、大きな悲劇を招いてしまったのです。

最近では2024年の正月に起きた海上保安庁の航空機と日本航空の飛行機の衝突事故もNO．1という表現の管制官と操縦士の取り間違いが悲劇を生んだとも言われています。

このように、伝えるという行為は、リーダーにとって極めて重要な責任を伴います。

では、どのようにすれば、相手に確実に伝えることができるのでしょうか？

そのコツの一つとして、数字を効果的に使うことをおすすめします。

数字は、客観的な事実を示す強力なツールです。

「後で報告書を提出してください」

このように曖昧な指示を出すよりも、

「17時までに報告書を提出してください」

と具体的な数字を使うことで、相手に誤解を与えることなく、意図を伝えることができます。

また、数字には、相手に説得力を与える効果もあります。

「成功するには計画は5％、実行が95％だ」

これは、カルロス・ゴーン氏の言葉です。

この言葉に、数字が含まれているからこそ、私たちは強い印象を受け、言葉の重みを感じるのです。

もし、数字を使わずに、

「計画は少しで、あとは実行することが重要だ」と言われたとしたら、どうでしょうか?

おそらく、印象は薄く、心に響かないでしょう。

インバスケット問題でも、相手に何かを伝える場面では、数字を効果的に使うように心がけましょう。

例えば、「この資料は、3日以内に作成してください」「目標達成率を、現状の80%から90%に引き上げてください」のように、具体的な数字を示すことで、指示の明確化や説得力の向上につながります。

数字を制する者は、伝達を制すると言っても過言ではありません。ぜひ、数字を意識して伝えることを習慣づけ、伝達力を向上させましょう。

現場で実践！

相手に伝えるときにエビデンス（証拠）を数字として伝える。

反論を受けない説得技術

リーダーとして、他部署や上司、部下などを説得し、動いてもらわなければならないケースは多々あります。そんなときに必要になるのが、説得力です。

多くの人は、お願いしたいことや伝えたいことを伝える際に、理由をつけ加えるでしょう。しかし、1つの理由だけでは、説得力が不足する場合があります。

そこで、私がおすすめするのは、3つの理由をつけることです。

例えば、「この広告プロモーションを採用しましょう。理由は3つあります。1つ目は、ターゲティングが明確で実績があること。2つ目は、予算内であり、まだボリュームディスカウントが可能であること。3つ目は、他の戦略にも応用できるなど、総合力があることです」

このように、3つの理由を挙げることで、説得力が格段にアップします。

もし、理由を1つだけにすると、どうなるでしょうか？

「この広告プロモーションを採用しましょう。実績がありますからね」

このように、1つの理由だけでは、相手は納得しないかもしれません。「本当に、それだけ？」「他に理由はないの？」と、疑問を感じてしまうでしょう。

3つの理由を挙げることには、心理的な効果があります。人は、3つの根拠を示されると、「反論できない」と感じ、納得しやすくなるのです。

また、自分では気づかなかった視点を提示されることで、「なるほど」と合点がいくこともあります。

「3つも理由が思いつかない…」そう思う人もいるかもしれません。しかし、私は、あえて「3つある」と言い切るようにしています。

そう言い切ることによって、自分で3つの理由を探そうと努力するようになります。そして、さまざまな角度から物事を考えることによって、新たな発見やより深い理解につながるのです。

インバスケット問題でも、3つの理由を挙げることによって、説得力の高い回答を作成することができます。ぜひ、このテクニックを活用して、高得点を目指しましょう。

現場で実践！

自分の主張に理由を聞かれたときは指で3を示して「理由は3つあります」と勢いよく伝える。

相手を動かす強い伝え方：言い切る！

リーダーたるもの、時には強い口調で相手に伝えなければならない場面があります。

例えば、緊急性の高いトラブルが発生したときや、組織の存続をかけた重要な決断を下すときなどです。

そんなとき、相手に遠慮して曖昧な伝え方をしていては、事態が悪化するばかりです。

もちろん、相手への配慮は大切ですが、状況によっては、強い口調で伝えることも必要です。

強い口調で伝えることは、リーダーシップを発揮するためにも重要です。

チームを率いて目標達成を目指すには、メンバーを鼓舞し、行動を促す必要があります。

そのためには、強い意志を込めた言葉で、相手に語りかけなければなりません。

インバスケット問題でも、相手に強い意志を伝える場面は多くあります。

例えば、部下に指示を出すときや、上司に提案するときなどです。

強い意志を伝えるには、どのような点に注意すれば良いのでしょうか？

それは、「言い切る」ことです。

「私は、この案を採用します」

「このプロジェクトは、必ず成功させます」

このように、断言するような言い方をすることで、相手に強い意志が伝わります。

ただし、「言い切る」のは、意外と難しいものです。

「言い切ってしまうと、反論されたらどうしよう…」

「断言してしまうと、後で変更できなくなるかもしれない…」

そんな不安を感じる人もいるでしょう。


もし、「言い切る」のが苦手な人は、以下のポイントを意識してみましょう。


「考えています」「できるだけ」「ちょっと違う」など、曖昧な表現を避ける。

語尾を強くする。

目を見て話す。


この3点を心がけるだけで、シャープに伝えることができるのです。

私自身も、原稿を書く際に、強く主張したい部分は、「〜と言われています」のような曖昧な表現ではなく、「〜である」と言い切るようにしています。

言い切ると、反論されるのではないかと心配する人もいるかもしれません。

しかし、実際には、言い切ることによって、相手は反論しにくくなることが多いものです。


先日、飛行機に乗ったときのことです。

隣に座っていた高齢の男性が、客室乗務員に、横柄な態度で話しかけていました。

その客はCAさんの名札を見て茶化すかのように「○○さんか」と言っていました。

しかし、客室乗務員は、冷静に、そして、はっきりと「お客様、私の名は△△です」と言い切りました。

すると、男性は、それ以上何も言わず、大人しくなりました。


言い切ることは、相手に強い意志を伝えるだけでなく、自分の自信にもつながります。

ぜひ、「言い切る」ことを意識して、相手に強い意志を伝えてみましょう。

現場で実践！

語尾を意識する。「です」「ます」を少し強めに発言してみる。

自分の言葉で伝える

組織において、情報伝達は血液のようなものです。

情報がスムーズに流れなければ、組織は正常に機能しません。

しかし、情報を伝える際に、注意しなければならないことがあります。それは、「そのまま伝えても、伝わらない」ということです。

伝言ゲームをご存じですか？数人で言葉をリレーし、正確に伝わるかどうかを競うゲームです。このゲームでは、前の人から聞いたことを、そのまま後ろの人に伝えることが重要です。

しかし、会社の中では、少し事情が異なります。

会社には、上司や部下といった階層があります。

経営幹部が使う言葉を、そのまま現場の社員に伝えても、伝わらないことが多いのです。

経営幹部は、会社全体の状況を把握し、専門的な知識を基に話をします。

しかし、現場の社員は、自分の担当業務に集中しており、経営に関する知識が乏しい傾向があります。

そのため、経営幹部の言葉をそのまま伝えても、理解されない可能性があるのです。

そこで、重要になるのが、「翻訳」です。上司や会社から伝えられたことを、自分の言葉で咀嚼し、部下にわかりやすく伝える必要があるのです。

例えば、経営層から、「来期は、これまでのナレッジを活用し新しいソリューションを提案していこう」という方針が示されたとします。

これを、そのまま部下に伝えるとほぼ伝わらないのは明白です。

そこで、「来期は今までの知識や経験を活かして、お客さんが困っていることの解決策を提案していこう。具体的には、マニュアル通りに対応するのではなく、もっと良くするにはどうするかみんなの知恵と経験をもとに新しいサービスを作ろう」のように、具体例を挙げたり、背景を説明したりすることで、部下は理解しやすくなります。

「翻訳」する際には、自分の言葉で伝えるだけでなく、感情を込めることも有効です。「今までマニュアルを重視してきた当社が、それを超えることは大きな変化だと驚いている」

このように、自分の率直な気持ちを伝えることによって、部下の心に響く言葉になります。

伝えるという行為は、リーダーにとって重要な仕事の一つです。相手に合わせて伝え方を工夫することによって、情報伝達をスムーズにし、組織全体のパフォーマンス向上につなげましょう。

現場で実践！

「つまりこういうことだ」を口癖にして相手が理解しやすい例えを使って説明してみよう。

結論を先にストーリーは後で

相手に何かを伝えるとき、あなたはどんな点に注意していますか？「わかりやすく説明している」「丁寧に話している」そう答える人もいるかもしれません。

しかし、それだけでは、相手に伝わらないことがあります。

相手に確実に伝えるには、「結論ファースト」が重要です。つまり、最初に結論を伝え、その後に理由や詳細を説明するのです。

私は、これまで3万人以上の方とインバスケット研修を行ってきました。研修では、同じ内容を丁寧に説明しているつもりでも、理解してもらえないことが多々あります。「なぜ、この問題の優先順位は低いのですか？」といった質問を受けることも少なくありません。

なぜ、伝わらないのでしょうか？

その原因の一つとして、結論よりも先に理由を説明してしまうことが挙げられます。

これは、本を読む際に、タイトルを隠して読むようなものです。

途中から読み始めても、「この本は何について書かれているんだろう？」と迷ってしまうでしょう。

ましてや、理由が複雑で、複数の要素が絡み合っている場合は、さらに理解が難しくなります。

相手に何かを伝える際には、まず結論を伝え、その後に理由を説明するようにしましょう。「結論ファースト」にすることで、相手は話の全体像を把握し、内容を理解しやすくなります。

私は、相手が理解しにくい内容を伝える場合は、結論を最初と最後に2回伝えるようにしています。「サンドイッチ方式」と呼ばれる方法です。

「結論ファースト」にすると、「誤解されたらどうしよう…」と不安に思う人もいるかもしれません。そんなときは、「結論から先に申し上げますと…」という言葉を使うと良いでしょう。結論を先に聞くことで、聞き手は話の要点を理解し、後に続く説明にも集中しやすくなります。

ぜひ、「結論ファースト」を意識して、相手にわかりやすく伝えるように心がけましょう。

現場で実践！

話のテーマを先に伝える。
「今からお話しするのは〇〇の件です」。

STEP

8

生産性を上げるコツ

インバスケットは限られた時間でいかに高い結果を出せるかが重要。今回はアウトプットを多く出すコツを伝えます。

かばんは軽く薄くする

生産性とは、時間あたりにどれだけのアウトプットを出せるかという指標です。

インバスケット問題では、限られた時間の中で、いかに多くのアウトプットを出せるかが、高得点の鍵となります。

逆に、どんなに頑張っても、アウトプットが少なければ、評価はされません。

これは、実際の仕事でも同じです。

長時間労働をしていても、アウトプットが少ない人は評価されません。

逆に、短時間でも、高いアウトプットを出せる人は、高く評価されます。


では、どのようにすれば、生産性を上げることができるのでしょうか？

そのコツの一つは、「余計なものを持たない」ことです。


例えば、あなたのスマートフォンを見てください。

必要なアプリは、すぐに起動できますか？

それとも、たくさんのアプリの中から、目的のアプリを探すのに、時間がかかっていますか？

もし、探すのに時間がかかっているのであれば、それは、生産性を下げている原因の一つです。

そんな細かい時間なんて気にする必要はないと思われる方もいるかもしれません。しかし、細かい時間も積み重なれば膨大な時間になるのです。

インバスケット試験の受験者を見ていると、資料やペン、メモなどを探したりする人がいます。

中には、試験時間の2割を「探す」ことに費やしている人もいるほどです。

「探す」という行為は、それ自体が時間の無駄です。

そもそも、探さなくても済むようにすれば、その時間を有効活用することができます。

そのためには、「必要なもの」だけを持つように心がけましょう。

私自身も、以前は、カバンの中に、たくさんのものを入れていました。

しかし、あるとき、カバンの中身を整理してみると、ほとんど使っていないものばかりが入っていることに気づきました。

爪切り、耳栓、充電コード類…
中には、4つも耳栓が入っていることもありました。
もちろん、私の耳は2つしかありません。
不要なものは、重たいだけでなく、必要なものを探す際の妨げにもなります。

私は商談で取引先に行くときは基本ノートパソコンを一つ持っていきます。
内容によってはカバンには手帳1冊しか入っていないこともあります。
社内を移動するときも、ノートパソコンを1台持って移動します。
このノートパソコンで8割の仕事は問題なく遂行することができます。

このように必要最低限にしても、しばらくするとまた不要なものが増えてきます。
定期的な持ち物メンテナンスも必要です。

少し極端かもしれませんが、これくらい強い基準を持たないと、あっという間に持ち物は増えてしまいます。

「持つ」ことよりも、「減らす」こと。

これが、生産性を上げるための重要なポイントです。

ぜひ、この機会に、あなたの持ち物を見直してみてください。

そして、余計なものを減らすことで、生産性をアップさせましょう。

現場で実践！

カバンの中身を週に一度は机の上に並べてみよう。そして余計なものを探してみよう。

余計なものを増やさないコツ：保管場所を一つに絞る

生産性を上げるには、「余計なものを持たない」ことが重要です。しかし、「余計なもの」は、なぜ増えてしまうのでしょうか？

ダイエー時代に、ある店舗の在庫過多に悩まされたことがあります。売り場の在庫は仕方がないにしても、バックヤードには、常に大量の在庫が山積みになっていました。

驚いたのは、棚卸しのときです。なんと、私が把握している場所以外にも、第二、第三の倉庫があったのです。そこは、年末などの繁忙期に、一時的に在庫を保管するための場所でした。しかし、実際には、常に在庫でいっぱいになっていました。

そこで、私は、緊急在庫置き場の閉鎖を指示しました。もちろん、反対意見もありました。しかし、結果的に、在庫は大幅に削減できました。さらに、在庫置き場を縮小したところ、在庫はさらに減りました。正確に言うと、「在庫が減った」のではなく、「在庫を置く場所がなくなったため、在庫を増やせなくなった」のです。

この経験から、**「余計なものが増えるのは、余計なものを置く場所があるからだ」**ということに気づきました。

以前、部下から、「パソコンの容量が足りない」と相談されたことがあります。「有料で容量を増やしてもよいでしょうか?」と聞かれました。

しかし、私は、「そもそも、余計なデータを持たない方がよいのではないか?」と答えました。

パソコンの容量が足りないのは、不要なデータを削除していないからです。不要なデータを削除すれば、容量を増やす必要はありません。

インバスケット試験でも、筆記用具を必要以上に持ってきて、「どこにしまったっけ?」と探している受験者を見かけることがあります。

あるいは、ホテルのチェックインの際、いくつもバッグを探して、ようやくパスポートが見つかるということもあります。

このように、**保管場所が複数あると、探す手間が増え、紛失するリスクも高くなります。何かを保管する際の基本は、一つにまとめることです。**

仕事でも、プライベートでも、この原則を守るようにしましょう。書類は1ヶ所にまとめ、デスクの上は整理整頓し、不要なものは捨てる。保管場所を一つに絞ることによって、「探す時間」を削減し、生産性を向上させることができます。

現場で実践！

引き出しを一つ減らしてみよう。もしくはクラウドのファイル保管サービスが複数あるなら一つにまとめてみよう。

チェックリストを作る

生産性を下げる要因の一つに、トラブルがあります。

例えば、提出書類に不備があった、不良品が発生した、顧客からクレームが来た…

これらはすべて、本来であればやらなくてもよい仕事です。トラブル対応に追われる時間は、無駄な時間です。

生産性を上げるには、このトラブルを限りなく少なくすることが重要です。

今回は、トラブルを防止するためのコツを紹介します。

それは、チェックリストを活用することです。

私は、全国各地で講演を行っていますが、過去に2回ほどトラブルに遭遇したことがあります。

1回目は、講演資料を投影するためのパソコンが故障してしまったときです。

2回目は、パソコンとプロジェクターを接続するためのケーブルを自宅に忘れてしまったときです。

多くの講演の中で、たった2回のことですが、その場にいた人にとっては、「なんてうっかり者の先生だろう」と思われたかもしれません。

パソコンの故障は、事前に防ぐのが難しいトラブルでした。しかし、予備のパソコンを用意しておいたり、資料のデータを先方に送付しておいたりするなどの対策を取っていれば、講演を中止せずに済んだかもしれません。

ケーブルを忘れたのは、うっかりミスです。「カバンに入れたはずなのに……」「確かに、持ってきたはずなのに……」そう思っても、時すでに遅しです。

このようなミスを、人の意識だけで完全になくすのは難しいでしょう。

そこで、有効なのがチェックリストです。**チェックリストは、ミスや抜け漏れを防ぐだ**

けでなく、全体の工程を可視化し、改善点を見つけることにも役立ちます。

最近は、オンラインでの研修も増えてきましたが、私は必ずチェックリストを作成し、準備を徹底するようにしています。

「パソコンの動作確認はＯＫか？」

「マイクとカメラは正常に作動するか？」

といった具合です。

チェックリストのおかげで、忘れ物やミスを防ぐことができ、スムーズに研修を進めることができています。

インバスケットの案件でも、チェックリストを作成したり、チェックリストの有無を確認したりするなどの行動は、計画組織力として評価されます。実際に回答を書く際にも、判断の根拠は書いているか、裏付けは取っているかなど、チェックリストを頭の中に持っておくとよい回答を書くことができます。

ぜひ、あなた自身もチェックリストを活用し、快適な仕事を楽しんでください。

現場で実践！

自分用のチェックリストを用意してみよう。

マルチタスクを制する

仕事の処理能力を上げる方法は、いくつかあります。タスク管理、モチベーションコントロール、ＡＩを活用した仕事術など、さまざまな方法が提唱されています。

しかし、今回は、個人の業務スピードを上げるという視点ではなく、チームを率いるリーダーとして、より多くの仕事を処理するためのコツをお話しします。

それは、マルチタスクです。

マルチタスクとは、複数の業務を並行して進めていく方法です。

インバスケット問題の難しさの一つに、複数の案件が同時に発生し、並行して処理しなければならないという点があります。

どの案件から処理するべきか、優先順位をつけなければなりませんし、並行して期限内に処理をする必要もあります。

私たちは通常、一つの業務を完了させてから次の仕事に取り掛かるというスタイルで仕事をしているので、同時に複数の仕事をこなすということに慣れていません。

ですので、同時にいくつかの業務を処理するというマルチタスクをこなす、いわゆる「皿回し」の技術が必要になるのです。

しかし、どんなに頑張りたくても、人間には限界があります。

手は2本しかありませんし、足も2本です。頭に至っては、一つしかありません。

つまり、1人の人間が行う仕事には、限界があるということです。

そこで、重要になるのが、人に任せるということです。

しかし、他の人に仕事を任せても、自分の期待通りの結果が得られることは、ほとんどありません。

時には、止まったままだったり、違う方向に進んでいたりします。

ですので、いくつもの仕事が計画通りに進んでいるか、常に目を配る必要があるわけです。

まさに、「皿回し」です。

私のタスク管理表には、現在64個のタスクが記載されています。

多く見えますが、毎日これだけのタスクを見ているわけではありません。

1週間に1度、あるいは2週間に1度といったように、定期的にチェックしています。

タスクの量を見ると、ゾッとすることもあります。

まるで、自分が広い部屋の真ん中に座っており、自分をぐるっと取り囲むように、皿が無数に回っているような感覚です。

しかし、そこで重要なのは、多くの皿の中で、どの皿を回すべきか？という点です。

優先順位の高いタスクを見極め、適切なタイミングで適切な処理を行うことが重要です。

さあ、皆さんの周りにも、いろんなお皿が回っています。

落とさないように、うまく、そしてできるだけ多く回して、良い結果を導き出してください。

現場で実践！

今いくつのタスクが動いているか意識してみる。止まっている皿があれば回しにいこう。

リターンメールはしない

インバスケット問題では、メール形式のものが増えています。中には、まるで本物のメールソフトを使っているかのような、Ｗｅｂ型のオンライン形式のものもあります。

「メールなら得意だ！」「毎日、何十通もメールを処理しているから、楽勝だ！」そう思う人もいるかもしれません。

しかし、インバスケット問題のメールには、落とし穴があります。それは、時間制限です。

普段、私たちは、時間に余裕があるときは、すべてのメールに返信し、重要なメールには、より丁寧に返信します。しかし、インバスケット問題では、そうはいきません。限られた時間の中で、すべてのメールに返信するのは、不可能です。

そこで必要になるのが、「捨てる勇気」です。

すべてのメールに返信したい気持ちをグッとこらえ、あえて返信しないメールを決めることで、他の重要な案件に時間を割くことができます。これは、実際のビジネスシーンでも同じです。

管理職になると、すべてのメールに返信する時間はありません。もちろん、人間関係は大切です。

上司からメールの返信が来ないと、不安に感じることもあるでしょう。

しかし、管理職には、もっと重要な仕事がたくさんあります。限られた時間の中で、最大の成果を上げるためには、優先順位をつけ、「捨てる」ことも必要なのです。

では、どのメールに返信し、どのメールに返信しないか、どのように決めれば良いのでしょうか？ それは、**「重要度」と「緊急度」で判断します。**

重要度とは、「そのメールが、組織や会社に与える影響の大きさ」です。緊急度とは、「そのメールに、いつまでに対応する必要があるのか」という点です。

重要度と緊急度が高いメールは、必ず返信しましょう。逆に、重要度と緊急度が低いメールは、返信しなくても構いません。

もし、返信に困るメールがあれば、上司に相談してみましょう。「このメールは、返信する必要がありますか？」「返信する場合は、どのような内容で返信すれば良いでしょうか？」上司に相談することで、適切な判断を下すことができます。

インバスケット問題では、限られた時間の中で、いかに効率的にメールを処理できるかが問われます。すべてのメールに返信しようとせず、「捨てる勇気」を持つことで、高得点を獲得できるでしょう。

現場で実践！

返信しないメールを1日3通決める。3通が多いと思うなら1通からスタートしてもよい。しかし3通までもっていこう。

STEP 9

できると思われるコツ

同じ仕事をしていても評価される人と評価されない人に分かれます。

今回は上司や周りに評価されるコツを教えます。

できる上司の条件：余裕を持つ

上司は、常に周囲から見られています。

部下は、上司の行動や姿勢をよく観察し、それを参考にしています。

「あなたの上司は、いつもどんなふうに仕事をしていますか？」

研修で受講者にこう質問すると、さまざまな答えが返ってきます。

「忙しいはずなのに、すぐにメールの返信をくれます」
「常に忙しそうで、話しかけにくい雰囲気です」
「いつも気遣ってくれて、優しいです」

しかし、実際にその上司に会って話を聞いてみると、部下からのイメージと、上司自身の自己認識がずれていることも少なくありません。

それだけ、自分がどのように見られているのかを、意識していない人が多いのです。

しかし、上司の態度や言動は、職場の雰囲気を大きく左右します。

インバスケット問題でも、「できる上司」を演じることで、評価が上がる可能性があります。

では、「できる上司」とは、どのような上司なのでしょうか?

もちろん、テキパキと仕事をこなし、部下の相談に親身に乗ることも重要です。

しかし、それ以上に重要なのは、「余裕」です。

「できる上司」は、常に落ち着いていて、余裕があります。

時間に追われていたり、イライラしている上司は、「できる上司」には見えません。

余裕があると、部下や周囲の人も話しかけやすくなり、コミュニケーションが円滑になります。

また、部下は、上司が余裕を持って仕事をしているのを見ることで、安心感を得て、モチベーションを高めることができます。

さらに、**上司自身が余裕を持つことで、冷静な判断や創造的な発想が生まれやすくなります。**

インバスケット問題で評価される、ヒューマンスキル、創造力、洞察力なども、余裕があるからこそ発揮できるのです。

もし、あなたが仕事で忙しいと感じたら、一度、深呼吸をして、心を落ち着かせましょう。

そして、「本当に重要なことは何か？」「優先順位はどうなっているのか？」を改めて考えてみましょう。

余裕を持つことは、「できる上司」になるための第一歩です。

実際に、インバスケット試験中に、「外の景色をボーッと眺める」受験者もいます。

中には、「一服してきて良いですか？」と質問してくる強者もいます。

そして、そのような受験者の回答は、驚くほどレベルが高いのです。**彼らは、「余裕」を持つことによって、冷静な判断力や創造的な発想力を発揮しているのでしょう。**

ぜひ、あなたも、「余裕」を持つことを意識してみてください。きっと、「できる上司」に近づくことができるはずです。

現場で実践！

忙しいと感じたときこそ、一息入れる。背伸びしてみてもいい。

アイデアを瞬速で形にする

できる上司に見せるには、スピード感が重要です。仕事が速い人は、周囲から「できる人」という印象を持たれやすいです。「あの人は、仕事が速いから、頼りになる」「あの人は、決断が速いから、ついていきたい」そう思われることは、リーダーとして大きな武器になります。インバスケット問題でも、仕事のスピードは評価の対象となります。

では、どのようなスピードが求められるのでしょうか？ それは、アイデアを形にする速さです。

インバスケット問題では、部下から提案や相談を受ける場面がよくあります。このようなとき、ただ聞くだけでは不十分です。提案に対しては、実現に向け、具体的に行動を起こす必要があります。

例えば、「いつまでに試作品を作るのか」「どのようなテストを行うのか」「予算はどれくらい必要なのか」などを検討し、計画を立てるように指示を出しましょう。

「そんなことまで、やらなくても…」「まだ、提案段階なのに…」そう思う人もいるかもしれません。しかし、「アイデア」は、形にして初めて価値を持ちます。

「提案」を「案」のまま放置するのではなく、実現に向けて行動することこそ、リーダーに求められる姿勢なのです。

部下から愚痴や不満を聞かされたときも同様です。

ただ慰めるのではなく、「では、どうすれば良いのか？」「何か良いアイデアはないか？」と部下に問いかけ、具体案を考えさせるようにしましょう。

「3日以内に、改善案をまとめて提出してください」のように、期限を切って指示を出すことで、部下の行動力を促し、問題解決を加速させることができます。


私自身も、アイデアはたくさん浮かびますが、それを形にできるのはほんの一握りです。アイデアは、形になって初めて価値を生み出すのです。

試作品を作る、プレゼン資料を作成する、関係部署に相談する…行動を起こすことで、アイデアは現実のものとなり、周囲を動かす力を持ちます。「仕事が速い」とは、行動力があるということです。


インバスケット問題でも、実際の仕事でも、「速さ」を意識することで、周囲から「できる上司」と認められるようになるでしょう。

現場で実践！

浮かんだアイデアをすぐにメモしよう。
自分宛てにメールを送ってもよい。
そしてそのアイデアを誰かに共有してみよう。

逆算思考とバッファのススメ

計画の立て方一つで、仕事の成功は大きく左右されます。

多くの場合、計画を立てる際は、やるべきことをリストアップし、工程を考え、順番に積み上げていく方法がとられます。

例えば、私の書籍出版で言えば、企画、構想、出版社への提案、企画の承認、執筆（ラフ）、本執筆、脱稿、ゲラのチェック、そして刊行、といった流れになります。

そして、「このスケジュールなら、春には間に合いそうだな」と、締め切りに間に合うように計画を立てるわけです。

これを「積み上げ式」の計画と呼びます。

しかし、できるリーダーは、計画の立て方が違います。

彼らは、締め切りを起点に考え、逆算して計画を立てます。

しかも、ギリギリのスケジュールではなく、少し余裕（バッファ）を持たせます。

先ほどの原稿のスケジュールなら、2週間、できれば1ヶ月前には脱稿するという期間設定から入ります。

ではあと3ヶ月でどうやって書くのか、と時間配分を計画します。

こうすることで、無理のない計画ができ、計画の変更にも柔軟に対応できるのです。

例えば、部下に計画を依頼する際に、

「計画を作ってほしい。納品は3月15日だから、不測の事態に対応できるよう、2週間の余裕を持って逆算して計画案を作成してください」

このように指示を出すと、部下は「この上司は、計画を立てるのが上手で、仕事もスムーズに進める人だな」と感じるでしょう。

少なくとも、いつも突貫工事でギリギリのリーダーよりも、評価は高くなるはずです。

インバスケット問題でも、逆算思考で計画を立てることは、高い評価につながります。

「計画性があり、リスク管理能力も高い」

「締め切りを守ることができる」

「不測の事態にも対応できる」

といったプラスイメージを与えることができるからです。

逆算思考で計画を立てる際には、以下の点に注意しましょう。


締め切りから逆算し、各タスクに期限を設定する。

各タスクに、どれくらい時間がかかるかを見積もる。

全体でどれくらい時間がかかるかを計算し、締め切りに間に合うか確認する。

間に合わない場合は、タスクを減らすか、締め切りを延ばすか、あるいは、他の方法を検討する。

不測の事態に備え、バッファ（余裕）を持たせる。

逆算思考とバッファを組み合わせることで、より確実で、柔軟性のある計画を立てることができます。

ぜひ、この計画術をマスターし、仕事で成果を上げてください。

現場で実践！

明日の退社時間を設定しよう。そしてそこから30分前に仕事が終わるという計画を作ってみよう。

戦わない上司こそ、真のリーダー

「できる上司」と聞いて、どんなイメージを思い浮かべますか？ ドラマや映画では、闘志を燃やしてライバルと戦う上司の姿が、格好良く描かれることが多いかもしれません。

しかし、実際のビジネスでは、「戦わない上司」こそが、真のリーダーなのです。

「戦わない」とは、逃げることではありません。無駄な戦いを避け、賢く立ち回ることです。「戦わない上司」は、組織の資源（人材、時間、お金など）を無駄にせず、最大限の成果を上げることに集中します。

例えば、ライバル会社と新商品のコンセプトがかぶってしまったとします。

このとき、「価格競争で勝負だ！」と意気込むのは、賢い選択とは言えません。

価格競争に陥ると、両社ともに利益が減少し、消耗戦になってしまいます。それよりも、「差別化」を図って、新たな市場を開拓する方が、賢明です。

あるいは、他部署と対立している場合も、「戦わない」ことを心がけましょう。

「あいつらは、いつも邪魔ばかりして…」

「絶対に負けられない！」

そう思って、感情的に対立しても、何も良いことはありません。

むしろ、協力関係を築くことで、相乗効果を生み出し、より大きな成果を上げることができるはずです。

そのためには、事前に根回しを行い、相手の意見を尊重し、ｗｉｎ‐ｗｉｎの関係を築けるように交渉する必要があります。

無駄な戦いを避けることは、「勇気」と「知性」の証です。「戦う」ことは簡単です。しかし、「戦わない」という選択をするには、状況を冷静に分析し、最善の行動を取る知性と、周囲の反対を押し切る勇気が必要です。

インバスケット問題でも、「戦わない」という選択肢を選ぶことが、高評価につながる場合があります。

これは先を見通すという洞察力です。

例えば、無駄な会議を避ける、トラブルを未然に防ぐ、関係部署と協力して問題解決にあたるといった行動は、「無駄な戦いを避ける」という点で共通しています。

「戦わない上司」こそ、真のリーダーです。無駄な戦いを避け、組織の目標達成に集中することで、最大限の成果を上げることができるでしょう。

現場で実践！

苛立ちを覚えた瞬間に「馬鹿は相手にするな」と自分に言おう。

かっこいい上司は根回し上手！

できる上司に見せるためのコツは、「根回し」をすることです。

「え？ 根回しはなんだかダークなイメージじゃない？」

と思われるかもしれません。

しかし、根回しができる人は相手を思いやることができる人なのです。

根回しとは、事前に関係者と連絡を取り、意見交換や調整を行うことです。そうすることで、仕事がスムーズに進み、トラブルを未然に防ぐことができます。

根回しの具体的な行動は以下の通りです。

①情報共有：関係者に、必要な情報を事前に共有する。
②意見交換：関係者の意見を聞き、自分の意見を伝える。
③調整：関係者と協力し、問題解決に向けて調整を行う。

例えば、インバスケット問題で、他部署との会議が予定されているとします。このとき、議題に対して意見の対立が予想される場合は、事前にキーパーソンとなる人物に連絡を取り、意見交換を行っておくことが重要です。

あるいは、事前に小規模なミーティングを開催し、意見の調整を図っておくのも良いでしょう。

このように、根回しを行うことで、会議での議論をスムーズに進めることができ、合意形成につながりやすくなります。

根回しが上手な人は、自分の利益だけを優先するのではなく、相手の立場や状況を考慮し、丁寧にコミュニケーションを取ることができます。

突然、相手に納得しないことや嫌がることを伝えるよりも、前もって相談しておいた方が、相手は受け入れやすくなります。

これは、プレゼントを贈るときに似ています。

相手がほしいと思っているものを贈る方が、喜ばれるのは当然です。

相手の好みやニーズを事前にリサーチしておくことで、より喜ばれるプレゼントを選ぶことができます。根回しも同様で、相手の意見や状況を事前に理解しておくことで、よりスムーズなコミュニケーションを取ることができます。

「根回し」は、日本のビジネス文化において、重要なスキルとされています。相手への配慮を忘れずに、丁寧な根回しを行うことで、仕事を円滑に進めることができます。

現場で実践！

どうすれば相手が嫌な気持ちにならないか？を考え、念のために報告連絡相談しておこう。それが根回しだ。

チーム編成を変える

優秀なリーダーは、チーム編成に気を配ります。

それは、チームメンバーの能力を最大限に引き出すため、そして、状況に応じてチームの形を変えることで、困難な状況を乗り越えるためです。

スポーツの世界でも、チーム編成を変えるのは、監督やリーダーの重要な役割です。戦況や選手のコンディションに応じて、最適な選手を配置することで、勝利を目指します。

戦国時代の武将たちも、戦況に応じて陣形を変え、勝利をつかんできました。

しかし、現代のビジネスリーダーたちは、現状のチームの形を維持することに固執する傾向があります。

それは、変化に伴う衝突や軋轢、そしてリスクを恐れるからでしょう。

しかし、**変化の激しい現代において、従来のやり方に固執していては、高いパフォーマンスを発揮することはできません。**

組織にイノベーションを起こし、活性化させ、変化に適応したチームを作り上げる。

それが、これからのリーダーに求められる役割です。

インバスケット問題でも、組織を横断したプロジェクトを立ち上げたり、部署間の連携を強化したりするなど、チーム編成を見直す行動は、高く評価されます。

「この問題は、複数の部署にまたがっているため、各部署からメンバーを選出し、プロジェクトチームを結成します。リーダーは、○○さんに任せましょう」

「この案件は、営業部とマーケティング部の連携が不可欠です。両部署から担当者を選出し、合同チームを結成し、共同で問題解決にあたってもらいます」

このように、状況に応じてチーム編成を変えることで、「変化に対応できるリーダー」であることをアピールすることができます。

ぜひ、実際の職場でも、チーム編成に気を配り、組織の活性化を図ってください。

現場で実践！

メンバーの名前を付箋に書き出してみよう。そして白紙に役割や目的別にグルーピングしてみよう。

チームを一つにまとめる「かじ取り」術

チームを率いるリーダーには、さまざまなスキルが求められます。今回は、チームのまとまりがない、あるいは、異なる方向に進んでいる場合に取るべき「かじ取り」のコツを伝授します。

チームにまとまりがない状態とは、それぞれのメンバーは力を出しているものの、目標に向かって進んでいる実感が得られない状態です。これは、まるで、船の乗組員が、それぞれ違う方向に漕いでいるようなものです。いくら力強く漕いでも、船は前に進みません。

このような状態は、メンバーが目標を誤解しているか、あるいは、目標自体が不明確な場合に起こります。

そこで、リーダーは、目標の再設定を行う必要があります。まず、メンバー全員を集め、会議を開きましょう。そして、「私たちの目標は何か？」を明確に提示し、全員で共有するのです。その上で、「どのようにすれば、目標を達成できるのか？」「それぞれの役割は何か？」を議論し、メンバーの意識を統一します。

もし、議論の中で、目標と異なる方向に進もうとするメンバーがいれば、軌道修正を行う必要があります。

例えば、Aさんは、「最大の利益を得るために、○○という商品を売りたい」と考えている。Bさんは、「売上を上げるために、△△という商品を拡販したい」と考えている。

このように、メンバーの意見が対立している場合は、上位目標を意識させることが重要です。

「2人の意見はわかった。しかし、私たちの最終目標は、B社からシェアを奪還することだろう？そのためには、○○と△△、どちらの商品を販売する方が効果的だろうか？」

このように、上位目標を再確認することで、メンバーの意識を統一し、同じ方向に向かって進むことができるようになります。

リーダーの仕事の中で、方向をまとめるという行為は、非常にパワーが必要です。しかし、これは、リーダーにしかできない重要な仕事です。「羅針盤」と「舵」を使い、チームを正しい方向に導くのが、リーダーの役割なのです。

ぜひ、「かじ取り」を上手に使い、チーム全体で目標達成を目指しましょう。

現場で実践！

上位目的を意識してみる。今目標としているさらに先に目指すべきものをチームで話し合おう。

STEP 10

上司とうまく付き合うコツ

仕事で一番接する時間が長く、どの仕事にも関連してくるのが上司。
仕事をうまく進めるためには、上司との付き合い方は大事です。
今回は上司とうまく付き合うコツを教えます。

上司との良好な関係を築くには

管理職とは、組織の交差点に立って交通整理をしている人のようなものです。

部下との関係性や他部署との連携、そして上司から降りてくる指示や、時には無茶ぶりに対応しなければなりません。

上司とうまく付き合うコツを伝授します。

あなたは、1日に上司とどのくらい話していますか？

職場の環境や上司の性格にもよりますが、上司と信頼関係を築くには、ある程度の接触時間が必要です。

しかし、中には、コミュニケーションが苦手な上司もいます。

そのような場合は、部下から積極的にコミュニケーションを取ることが重要です。

インバスケット問題では、新しい役職に就き、新しい上司と会わずに、さまざまな判断をしなければならないという状況設定がよくあります。

このような場合は、着任後すぐに、「方向性をすり合わせる機会」を設けるようにしましょう。

なぜなら、自分では正しいと思っていても、上司の考えと合致していなければ後でトラブルになる可能性があるからです。

上司と部下、それぞれの「物差し」が違うと、認識のズレが生じます。

例えば、あなたが一生懸命作った資料を、上司に見せたところ、「これはダメだ。作り直してください」と言われたとします。

このとき、あなたは、「なぜダメなのか？」「どこを直せばよいのか？」と疑問に思うでしょう。

しかし、上司からすれば、「なぜ、こんなこともわからないのか？」「なぜ、こんな資料を作ってしまったのか？」と、あなたのことを理解できないかもしれません。

これは、上司と部下で、仕事の「基準」が異なるからです。

上司の「基準」を理解していなければ、どんなに頑張っても、上司を満足させることはできません。

逆に、上司の「基準」を理解していれば、上司の意図に沿った仕事をすることができ、高い評価を得られるでしょう。

インバスケットの回答を書く際にも、上司との方向性のすり合わせを求める行動は必須と言ってもいいでしょう。

実際の職場でも、上司との方向性を合わせる機会は、定期的に設けるようにしましょう。

多少間違った判断をしても、方向性が合っていれば、大きなトラブルにはなりません。

しかし、正しい判断をしていても、方向性が間違っていれば、上司との信頼関係にヒビが入り、仕事がしづらくなってしまいます。

「報連相」も、上司との方向性を合わせる上で、重要なツールです。

こまめに報告や相談をすることで、上司の考えを理解し、自分の仕事に活かすことができます。

上司と良い関係を築くことは、仕事をする上で、非常に重要です。

積極的にコミュニケーションを取り、上司の考えを理解することで、スムーズな関係を築くことができるでしょう。

現場で実践！

上司とのすり合わせの時間を確保しよう。一度のすり合わせる時間は短くてもよい、大事なのは定期的に行うこと。

上司の叱責にスマートに対応するには

上司から指摘されたり、指導されたりしたとき、あなたはどのように対応していますか？

「言い訳をする」
「反論する」
「黙って聞いていないふりをする」

さまざまな対応があると思いますが、上司とうまくやっていくには、「謝罪する」ことが重要です。

「自分は間違っていないのに、なぜ謝らなければならないんだ？」

そう思う人もいるかもしれません。

しかし、**反論したり、言い訳したりすると、上司との関係が悪化し、事態が悪化する可能性があります。**

また、**感情的になってしまうと、冷静な判断ができなくなり、問題解決が遅れてしまう可能性もあります。**

謝罪することは、決して「負け」ではありません。

むしろ、「大人の対応」です。

謝ることで、上司の怒りを鎮め、冷静に話し合いをすることができるようになります。

そして、冷静に話し合いをする中で、誤解を解いたり、自分の意見を伝えたりする方が、結果的に、あなたの評価を高めることにつながります。

インバスケット問題では、「謝罪する」という行動は、当事者意識として評価されます。

例えば、前任者が犯したミスであっても、自分ごととして捉え、謝罪する行動は、責任感があると判断されます。

また、謝罪した後、再発防止策を提案するなど、前向きな行動を取れば、さらに評価は高まります。

「謝る」という行為は、一見、ネガティブに思えるかもしれません。

しかし、ビジネスの世界では、「謝る」ことは、「責任を取る」ことでもあります。

そして、「責任を取る」ことができる人は、信頼され、尊敬されます。

ぜひ、「謝る」ことをスマートに実践し、上司との良好な関係を築きましょう。

現場で実践！

仕事のプロとして相手が満足していなかったらまずは謝る。「ご期待に添えなかったのは申し訳ない」というフレーズを使おう。

上司を動かす提案術：3つの選択肢で承認率アップ！

上司の指示で動くよりも、上司に自分のやりたいことを提案し、それを実現する方が、数倍仕事は面白くなります。そう思いませんか？

今回は、自分の提案を上司に受け入れさせるためのコツをお伝えします。

その方法は、複数の提案をすることです。できれば、3つくらい用意しましょう。

多くの場合、「これ、やりたいのですが…」と、1つの企画書に全力を注ぎ込んで、上司に提案する人が多いでしょう。

しかし、どんなに素晴らしい企画でも、上司はなかなか承認してくれません。なぜなら、比較対象ができないからです。

上司は、「本当にこの企画で良いのだろうか？」「他に良い方法はないのだろうか？」と、不安に感じてしまうのです。

そこで、効果的なのが、複数の提案をすることです。

3つの企画案を上司に提示することで、上司は、それぞれの企画を比較検討し、「どれが一番良いか」を選ぶことができます。

そして、**「選ぶ」という行為は、上司に安心感を与えます。**

「自分で決めた」という満足感を得ることで、上司は提案を承認しやすくなるのです。

このとき、本命の案よりも少し劣る案をいくつか用意しておくと、本命の案が通りやすくなります。

これは、「松・竹・梅」の法則とも言えます。

3つの選択肢があると、人は真ん中を選びがちです。「松」が高すぎると感じ、「梅」は安すぎると感じるため、「竹」がちょうど良いと感じるのです。上司に提案する際も、「松竹梅」を意識して3つの案を用意することで、本命の案を通す確率を上げることができます。

インバスケット問題でも上司や顧客に提案をする場合、複数案を出すことは対策立案力として評価されます。

上司に自分の提案を受け入れてもらうには、「上司に選んでもらう」という意識が重要です。「上司の立場」になって考え、「上司が何を求めているのか」を理解することで、より効果的な提案を行うことができるでしょう。

現場で実践！

相手へ提案するときは
決めさせるのではなく選ばせる。
自分が決める際には決めるのではなく選ぶ。

上司を「おかげさま」で持ち上げる

「実るほど頭が下がる稲穂かな」という言葉を知っていますか？

これは、実がつけばつくほど、稲穂が頭を下げる様子から、偉くなればなるほど、謙虚な姿勢を大切にするべきだという教えです。

リーダーになると使わなければならない言葉があります。感謝の言葉です。

いつもあなたを手伝ってくれている部下はもちろん、上司にもぜひ使ってください。

なぜなら上司を「持ち上げる」ことは上司との信頼関係を構築するコツだからです。

例えば、あなたが上司に、仕事の成功を報告するとします。

このとき、「私が頑張ったからうまくいきました！」と言いたいところですが、少し言い方を変えてみましょう。

「○○部長のご指導のおかげで、うまくいきました！」

このように、上司の貢献を称えることで、上司は喜び、あなたへの評価も高まります。

これは、自分の手柄をアピールするよりも、はるかに効果的な方法です。

なぜなら、**人は、褒められると、その相手に対して好感を抱くからです。**

上司を褒めることで、上司はあなたに対して良い印象を持ち、あなたの評価を上げる可能性が高くなります。

また、周囲の人も、あなたを「謙虚で、上司を立てることができる人」と評価するでしょう。

「おかげさま」という言葉は、感謝の気持ちを伝えるだけでなく、相手を褒める言葉でもあります。

「○○さんのおかげで、助かりました」

「○○さんのアドバイスのおかげで、目標を達成することができました」

このように、「おかげさま」を意識して使うことで、上司や周囲の人との良好な関係を築くことができます。

インバスケット問題でも、「おかげさま」という言葉は、ヒューマンスキルとして評価されます。

感謝の気持ちを表現することで、コミュニケーション能力の高さや、周囲との協調性をアピールすることができます。

ぜひ、日々の業務の中で、「おかげさま」という言葉を使うことを習慣づけてください。

そして、上司や同僚への感謝の気持ちを伝えることで、より良い人間関係を築き、仕事で成功を収めましょう。

現場で実践！

「おかげさまで」という言葉を使う。さらに本人によりも第三者を通して使うと、相手は喜ぶ。

無茶ぶりをチャンスに変える交渉術

上司から無茶ぶりをされたとき、あなたはどのように対応していますか？

「そんなの、無理です！」「できません！」と、突っぱねてしまう人もいるかもしれません。

しかし、上司の無茶ぶりにも、きちんと対応することが重要です。

時に上司は、とんでもない無茶ぶりをしてくるものです。上司のタイプにもよりますが、

・あなたを試そうとしている

・責任転嫁をしてきた
・上層部からの指示で、仕方なく無茶ぶりをしている

など、いくつかの背景が考えられます。

いずれにしても、上司の無茶ぶりには、何かしらの理由があるはずです。それを無視して、即座に「無理です!」と答えるのは、あまり得策ではありません。

むしろ、無茶ぶりをうまく受け止めることで、あなたの評価を上げるチャンスになります。上司も、ある程度難しいことを理解した上で、無茶ぶりをしているはずです。ですから、それを引き受けるだけでも、評価に値するわけです。

インバスケットでも定番の案件として上司の無茶ぶりは入れています。挑戦する気がまったくないのか、何とか乗り越えようとするのか仕事への姿勢がよくわかります。どちらが評価がいいかは察しが付くでしょう。

しかし、ただ引き受けるだけでは、面白くありません。

そこで、おすすめなのが、逆提案です。

例えば、

「このような重要な仕事を任せていただき、ありがとうございます。ぜひ、素晴らしい結果を出したいのですが、そのためには、もう少し時間が必要です。期限を3日延長していただければ、必ず目標を達成してみせます。いかがでしょうか?」

のように、期限の延長や予算の追加、人員のサポートなどを交渉してみましょう。


先日、あるバーに行ったときのことです。

私が大好きな「マンハッタン」というカクテルを注文したのですが、あいにく、そのカクテルを作るための原酒が切れていました。

私は、がっかりしましたが、バーテンダーは、

「少しすっきりとした、マンハッタン風のカクテルなら作れますが、いかがでしょうか?」

と、提案してくれました。

私は、その提案を受け入れ、とても美味しいカクテルを楽しむことができました。そして、そのバーテンダーの柔軟な対応に、感動し、ファンになったのです。

相手の無茶ぶりを、「どうかわすか」と考えるのではなく、「どうすれば、実現できるか」を考える。それが、「できる人」の考え方です。インバスケット問題でも、無茶ぶりを逆提案に変えることで、高い評価を得られるでしょう。

現場で実践！

「無理です」などの言葉をポジティブに変えてみる。「前人未踏の試み」「いまだかつてない」それがあなたのやりたい気持ちにスイッチを入れる。

おわりに

今は私はホテルで原稿を書き終えました。

時刻は17時、2024年もあと5時間ほどで終わりです。

まだまだ書きたい気持ちを抑えながらそろそろこの原稿を終わろうと思います。


楽しい仕事や熱中する仕事はもっとやりたいという欲が湧くものです。

しかし、この原稿は2024年中に書き上げると決めていたので、止めどころを知ろうと自分に言い聞かせているところです。


実は編集者の方に原稿のお渡しする約束をしたのは1月中旬です。

ですからこの原稿をお読みになったら、少しむっとするかもしれません。

「年内に書き終わったのならもっと早くよこせ」

しかしこれが私の原稿執筆のコツです。

本書の中でもお伝えしましたが、仕事は追われだすとやっつけ仕事になりがちです。

そうなると義務感だけで書き始めると、苦痛が生まれます。


ですから余裕をもって着地したいわけです。

仕事に追われないように、仕事を追いかける。

これが私が最後にお伝えできるインバスケットのコツかもしれません。


本書には超入門としてインバスケットを通じて私が得たコツをずらっとご紹介しました。

もちろん、もうすでに皆さんが知っていることもあったでしょう。

ただ、それを職場で実践されている方は少ないのではないでしょうか?


インバスケットで鍛えられたのは、知識をどうやったら行動に移せるかということでした。

本書で紹介したコツは私自身が実証済みです。

だからあなたにもきっとできるはずです。

それは鳥原だからできるのだろう、
とお声が聞こえそうだから、あえてさらけ出します。
私はとても不器用な人間です。
社会人最初に配属された部署では「使えない人間」と烙印を押されました。
別にサボっていたわけではありません。
いつも汗だけは人一倍流していました。
「お前は仕事をしているふりだけは上手だ」
と上司から皮肉を言われたのを思い出します。

どうすれば認めてもらえるのだろうか？
もっと頑張ればいいのか？

このように当時私が自問自答していたことと同じことを、悩んでいる方の答えを出すきっかけになればと思い書きました。

文字だけでは上手に伝えられないかと思い、本書が発刊される頃には、私のユーチューブチャンネルでこの本の紹介と本ではお伝えできなかったことを動画でお伝えする予定です。


最後になりますが、本書を刊行するにあたりご尽力いただいた、ぱる出版の和田社長と編集の原田様そして関係者の皆様に心よりお礼を申し上げます。

そして最後までお読みいただきましたあなたにも心よりお礼を申し上げます。

ありがとうございました。

2024年12月
神戸にて

株式会社インバスケット研究所
代表取締役社長　鳥原隆志

鳥原隆志（とりはら・たかし）
株式会社インバスケット研究所代表取締役
インバスケット・コンサルタント
大学卒業後、株式会社ダイエーに入社。販売部門や企画部門を経験し、10店舗を統括する店舗指導責任者（スーパーバイザー）として店長の指導や問題解決業務に努める。管理職昇進試験時にインバスケットに出合い、自己啓発としてインバスケット・トレーニングを開始。日本で唯一のインバスケット教材開発会社として、株式会社インバスケット研究所を設立し代表取締役に就任。日本のインバスケット・コンサルタントの第一人者としてテレビやラジオに出演し、ビジネスマンの行動分析をするなど活動中。国内外での講演や、研修実績多数。延べ受講者数は3万人以上を数える。主な著書に『究極の判断力を身につけるインバスケット思考』（WAVE出版）、『一瞬で正しい判断ができるインバスケット実践トレーニング』（朝日新書）、『たった5秒思考を変えるだけで、仕事の9割はうまくいく』（中経の文庫）などがあり、50冊以上累計90万部を超える。

仕事《しごと》ができる人《ひと》がやっている
インバスケット超入門《ちょうにゅうもん》

2025年4月2日　初版発行

著　者　鳥　原　隆　志
発行者　和　田　智　明
発行所　株式会社　ぱる出版

〒160-0011　東京都新宿区若葉1-9-16
03(3353)2835－代表
03(3353)2826－FAX
印刷・製本　中央精版印刷(株)
本書籍に関するお問い合わせ、ご連絡は下記にて承ります。
https://www.pal-pub.jp/contact

ISBN978-4-8272-1496-3　C0034